CB049288

Biblioteca Âyiné 18
A matemática é política
La matematica è politica
Chiara Valerio
© Publicado na Itália por Giulio Einaudi Editore, 2020
Esta edição foi publicada em acordo com Grandi & Associati
Todos os direitos reservados

Tradução Vinícius Nicastro Honesko
Cezar Tridapalli traduziu o capítulo «O exercício
da democracia»
Edição Maria Emilia Bender
Preparação Cezar Tridapalli
Revisão Luis Eduardo Campagnoli
Imagem da capa Julia Geiser
Projeto gráfico Renata de Oliveira Sampaio
ISBN 978-85-92649-80-7

Âyiné

Direção editorial Pedro Fonseca
Coordenação editorial Luísa Rabello
Coordenação de comunicação Clara Dias
Assistente de comunicação Ana Carolina Romero
Assistente de design Rita Davis
Conselho editorial Simone Cristoforetti, Zuane Fabbris,
Lucas Mendes

Praça Carlos Chagas, 49 — 2º andar
30170-140 Belo Horizonte, MG
+55 31 3291-4164
www.ayine.com.br
info@ayine.com.br

A matemática é política
Chiara Valerio

Tradução de Vinícius Nicastro Honesko

Âyiné

9	A Matemática é aquela Ciência
13	Verdade e consequência
29	Lições de casa
35	A instrução é horizontal, a Cultura é vertical (Autoficção)
41	Para que serve estudar Matemática
55	Democracia e Matemática
61	O primeiro erro de avaliação somos nós
67	Superaditividade
73	O exercício da Democracia
79	Invisível e presente
89	Uma questão de representação do tempo e uma tragédia semântica (Butman)
99	Categorias e gêneros. Corolário
101	Advertências e agradecimentos

Uma boa ideia? O que é uma boa ideia, Jack? Será que ter fome é uma boa ideia? Será que se apaixonar pela mulher errada não é uma boa ideia? As ideias de fato não são importantes e nós não devemos nos condicionar por elas.

Tommaso Pincio, *Lo spazio sfinito*

A Matemática é aquela Ciência

É preciso dar razão a Bertrand Russell quando ele diz que, em Matemática, nunca se sabe do que se fala, tampouco se o que se diz é verdade. De pronto, nessa incerteza, compreende-se que, para atingir algum resultado, é preciso pôr em prática um método. Há também outra consideração, bem expressa por Luciano De Crescenzo, ator e escritor, em uma anedota atribuída a Renato Caccioppoli, grande matemático ligado ao Partido Comunista, ambos italianos, e que aqui transcrevo da forma como me lembro: um estudante, durante uma prova realizada com dificuldade, confessa ao professor que está apaixonado pela Matemática, e o professor responde, em napolitano: «*Guaglio', ma nun si' ricambiat'*» [«Pena que não é correspondido»].

A Matemática, com efeito, ou pelo menos é essa a versão mais palatável, com frequência não se faz corresponder. É difícil, distante, confinada nas alturas inatingíveis da exatidão. E isso devido basicamente a dois fatores.

Em primeiro lugar, porque nos foi entregue por Euclides, em seus *Elementos,* como um sistema fechado, dedutivo, no qual, a partir de certas verdades enunciadas, derivam outras, e assim por diante, em uma espécie de comboio dedutivo da Verdade ou de carma da Verdade. A partir desse modelo fundamental, inesgotável e inevitável, quase todos os manuais foram pensados e apresentados em forma de hipótese, demonstração, tese. Em uma espécie de repetição que, todavia, como na meditação, nas religiões orientais ou no exercício físico cotidiano, franqueou a alguns o acesso a uma consciência superior e desmoralizou todos os demais. Não é a Matemática que desencoraja – a disciplina aventureira como uma selva psicodélica na qual, para dar crédito a Russell, nunca se sabe do que se fala, tampouco se o que se diz é verdade –, mas o modo como ela é escrita e apresentada.

Depois, porque, em geral, a Matemática que se estuda na escola está fora do tempo e do espaço, portanto, fora da História. Sim, o teorema de Pitágoras vem antes do teorema de Weierstrass; mas por que se chegou à formalização do conceito de «limite» muitos séculos depois da utilização do próprio conceito? A Matemática sempre foi escrita com os «x» e os «y»? Quem é que sabe?! A Matemática, na escola, é ensinada no vazio.

A Matemática é apresentada *a posteriori* e, assim, para a maioria, parece um conjunto de procedimentos de cálculo, numérico e formal, por meio do qual se chega a demonstrar teoremas cuja vocação é levar adiante ulteriores procedimentos de cálculo, numérico e formal. E assim vai adiante, até quando, terminada a escola, o estudante se inscreve em

Engenharia esperando se livrar de cálculos inúteis e poder construir aviões, navios, pontes e supercomputadores ou supercalculadoras. Por outro lado, os próprios matemáticos são apresentados como gênios infalíveis, enquanto, na verdade, com frequência, erram, como todo mundo. A Matemática, todavia, é uma disciplina que não dá margem para a ignorância do erro e, portanto, com frequência o erro não é defeito moral ou característica de uma classe social, mas apenas um dos modos para continuar a pesquisa, redirecionar o procedimento lógico ou mesmo trocá-lo. De alguns desses erros, a memória foi mantida – penso na demonstração de Galileu Galilei sobre o equilíbrio da alavancagem; de outros, não. Assim, de fato, os erros dos matemáticos não existem. Como tudo aquilo que não se conta. Se, ao ler estas linhas, o equilíbrio da alavancagem ou a anedota de Caccioppoli (ou o próprio Cacciooli) não te disserem nada, não é o caso de se preocupar: basta procurar na internet. Mas, sobretudo, não é o caso de se preocupar, porque, mais do que as coisas ou pessoas, o que importa são as relações entre uma coisa e outra, uma pessoa e outra, e entre coisas e pessoas. E esse é o sentido da frase de Bertrand Russel, e, creio, também da vida cotidiana, prática e interior. As relações entre as coisas.

Ao longo dos anos, convenci-me de que existe um terceiro motivo pelo qual a Matemática parece complicada, o qual diz respeito à superstição. A Aritmética, a primeira Matemática que conhecemos ainda na infância («Veja como ela sabe contar até onze!»), é um modelo de tempo (o 2 vem antes do 3 e depois do 1): com os números, conseguimos estabelecer um antes e um depois. Sem a Aritmética, a base das contagens, não poderíamos elaborar listas. E, nas listas, o tempo não passa. Portanto, a lista – a banal lista de compras – é o contrário da vida. O antes e o depois só não são importantes quando estamos na eternidade. Isto é, mortos.

Verdade e consequência

Quando eu era criança, achava incompreensível o conceito de Verdade. Já adolescente, parecia-me «desresponsabilizador». Escrevo «desresponsabilizador» porque o percurso lógico é este: se uma verdade é absoluta, então não pode ser contestada e não depende nem de um sujeito, nem de um conjunto de sujeitos. Se é assim, as injustiças – sociais, por exemplo – advêm dessa verdade, e ninguém é responsável. À verdade absoluta, submete-se.

Por exemplo, ao estudar «perspectiva central» no Ensino Médio, eu simplesmente me submetia ao que me era apresentado: que o foco correspondente ao ponto de vista podia estar em qualquer lugar no interior da folha, e não apenas no centro. Graças à minha professora, eu era boa em desenho técnico e, portanto, conseguia entregar trabalhos nos quais casas, estradas e jardins se mostravam deformados, e nos quais o foco, por exemplo, estava na borda da folha; a técnica era correta e perfeitamente similar, a não ser pelo ponto de vista, à de meus colegas. Não é a Verdade que é absoluta, eu me convencia, é o ponto de vista. Por isso, o absoluto é uma escolha, uma responsabilidade emocional, sentimental, cultural, jurídica, política. Agora que já sou uma senhora de meia-idade, compreendo que o relativismo é a realidade, porque não deixa nada de fora, e que a Verdade (possuí-la, admitir possuí--la, fazer crer que ela seja unívoca) é um dos tantos modos de controle e opressão, ou, sendo mais cautelosa – mas por quê? –, é uma função daquele sistema complexo que é o mundo onde vivemos.

A Verdade não é a antítese do sistema, a Verdade pode ser uma hipótese ou pode ser uma tese. O relativismo não implica que todos os pontos de vista sejam iguais, mas que todos eles existem. Meu ponto de vista sobre o mau funcionamento da pia do banheiro, por exemplo, não é igual ao do encanador, porque os dados que ele possui – observação, hábito, experiência, memória de outros maus funcionamentos – são mais numerosos do que os meus, e, assim, a possibilidade de ele avaliar (e resolver) o problema é maior do que a minha. Intuições infantis e intemperanças juvenis à parte, só o estudo da Matemática me pacificou com a natureza da Verdade e me confortou em minha índole de anarquista conservadora.

A Matemática foi meu aprendizado para a revolução, e, por revolução, entendo a impossibilidade de aderir a qualquer sistema lógico, normativo, cultural e sentimental no qual exista a Verdade absoluta, o líder, a autoridade imposta e indiscutível. Aceitar essa definição de revolução significa admitir que a revolução não é um evento, mas um processo; admitir que não existem certezas perenes, mas que as certezas caminham com as pernas dos humanos sobre seus sistemas jurídicos e econômicos, e que, todavia, acima dos sistemas jurídicos, legislativos e econômicos existe uma ideia de comunidade, que inclui em si, para permanecer perfeitamente humana em todos os sentidos, o conceito de tempo. Portanto, matar (impedir o tempo) e oprimir (parar o tempo) no interior da comunidade não são ações admitidas. Aceitar essa ideia de revolução quer dizer repensar a Democracia como forma de revolução a ser exercitada.

Voltemos à perspectiva. A técnica da perspectiva é um artifício que se adequa à nossa experiência (que tem apenas nossa idade) e a nosso instinto (que é muito mais velho). A perspectiva é um procedimento que, mais do que representar o mundo, nos permite descrever a nossa própria representação. O olho de quem olha. Assim, todos podem compreender o que vejo e o que digo ver, ou que descrevo, conhecendo o procedimento e acolhendo meu ponto de vista. Ou eu acolhendo o deles. O ponto de vista não é absoluto, mas é nosso, e a ele nos afeiçoamos. As verdades, tratadas como pontos de vista, revelam uma natureza, se não sentimental, emotiva; e, se não emotiva, discricionária. Estudar ajuda a tornar os pontos de vista confrontáveis e a compreender, aos poucos, que eles, quando assumidos, não são nem justos, nem errados (mas são nossos).

O ponto de vista é mais interessante do que a Verdade. Tem um corpo, um tempo, ocupa um espaço; a Verdade é um ponto. Portanto, para seguir Euclides, apesar de tudo, a Verdade, como os pontos, é o que não tem partes. Apesar de não ter partes, o ponto é o ente fundamental da Geometria euclidiana. Como a Verdade, que está na base das religiões, que contam algumas das mais belas histórias do mundo.

Claro, aceitar o caráter intercambiável do próprio ponto de vista pode ser irritante. Lembro, por exemplo, de quando estava diante de um atlas japonês – depois de ter crescido vendo um atlas no qual o mundo era representado, na projeção de Mercator, com a Europa no centro, e a Itália no centro da Europa, e Scauri no centro da Itália, e eu no centro de Scauri –, em cujas páginas centrais o mundo era representado, sempre na projeção de Mercator, com o Japão no centro, e a Itália na margem da folha.

Voltemos ao encanador. Apesar de sua possibilidade de compreender *por que* e *como* a pia entupiu seja superior à minha, nós dois raciocinamos de modo parecido. Pressupomos as causas e, então, os efeitos. Digamos, portanto, que se nossa (descrição da) representação do mundo procede por dedução e analogia, a vida e a Ciência avançam por meio de raciocínios de tipo probabilístico. Se não fosse assim, tanto a vida como a Ciência se ocupariam apenas de fatos já realizados e pias já desentupidas.

O grande matemático Bruno de Finetti, visionário, escreveu: a diferença fundamental a ser revelada está na atribuição do «por que»: não por que o fato que eu prevejo acontecerá, mas por que eu prevejo que o fato acontecerá.

Lembro exatamente onde estava quando li pela primeira vez a obra *Probabilismo. Saggio critico sulla teoriadelle probabilità e sul valore della scienza* [«Probabilismo. Ensaio crítico sobre a teoria das probabilidades e sobre o valor da ciência»], de De Finetti. Em um longo corredor do departamento de Matemática, na sede de Monte Sant'Angelo, na Universidade de Nápoles, sentada em uma cadeira de madeira clara, desconfortável e dobrável; atrás de mim, havia uma grande janela retangular, além da qual balançavam, deixando um perfume no ar, arbustos de alecrim e lavanda; eu usava um par de Adidas vermelhos com listras brancas, modelo Gazelle, e tinha diante de mim as portas dos banheiros, nas quais estava desenhada uma curva de Gauss que parecia, ou queria parecer − lanço uma hipótese −, um falo, e, em mim, havia um mundo novo aberto pelas ideias de «probabilística subjetiva». E da Matemática como disciplina, como ginástica postural, para estar no mundo e tentar interpretá-lo.

Há uma questão ulterior − a quarta, ou talvez uma 2.1 − que distancia Matemática e vida. A Matemática, no sentido comum, não está entre as necessidades ou qualidades de uma pessoa culta, de um intelectual. Na maior parte do tempo, e pela maior parte das pessoas, ela é considerada uma disciplina asséptica, no sentido de inútil, para entabular uma conversa e, portanto, comunicar-se, confrontar-se, enfrentar problemas práticos, discutir, descrever, participar da vida política. Asséptica.

Um exemplo. Da Grécia clássica, admiram-se as estátuas, a Filosofia, a Democracia, o discurso de Péricles para os atenienses, Sócrates, que se mata com cicuta, o heroísmo nas Termópilas, os deuses gregos, os silogismos, a política, a *Odisseia*, o cavalo de Troia, as portas de Tebas e as sereias; o raciocínio dedutivo, contudo, a abstração e a proporção nunca são elencados ou valorizados. O mais eficaz desmantelamento dessa posição preconceituosa, ao menos no que diz respeito ao conceito fundador de proporção, é *Donald no País da Matemágica* (1959). No desenho animado da Disney, o Pato Donald se dá conta de que a beleza grega tem uma natureza matemática fundada na proporção. Acrescentamos: abstração e raciocínio dedutivo.

O raciocínio dedutivo nos livra da necessidade de conhecer todas as coisas por experiência direta e nos mancomuna, a todos, ao nos dar uma Gramática. A abstração nos permite reconhecer regularidades e semelhanças em coisas e questões distantes. A proporção possibilita intuir e representar a vastidão do mundo, avaliar os riscos, reproduzir as regularidades ou as irregularidades. Raciocínio dedutivo, abstração e proporção são Matemática. Todavia, não obstante as glórias da Grécia clássica, nenhuma civilização é tão permeada pela Matemática como a nossa. Algoritmos, previsões, automações, cálculos, cronômetros, GPS, calculadores de calorias para perder ou ganhar peso, loterias, marca-passos.

O raciocínio dedutivo tem uma característica que deveria gerar um entusiasmo imediato e generalizado: é um método ao qual todos podem ter acesso, ainda que não estudem suas regras, e por meio do qual é possível avaliar a razoabilidade ou não do outro que fala. Subentende uma lógica comum, como a da perspectiva e a do xadrez, a qual, por exemplo, ensina que, se não houver um acordo sobre os princípios, é impossível jogar – quem dirá conviver.

Prendamos o fôlego e façamos um mergulho. A Matemática floresce na civilização livre e criativa, vive e prolifera na Grécia; sofre uma interrupção na queda do Império Romano, quando a Religião acaba sendo o único grande princípio ordenador; refloresce no final da Idade Média, quando voltam a se difundir os textos gregos e, com esses, o interesse por uma natureza demonizada como território do diabo.

O raciocínio dedutivo serviu, em certo momento, também para a Religião (o pensamento lógico dedutivo pode ser insidioso): o Cristianismo, por exemplo, inventou a

Teologia. Os gregos tinham muitos deuses, mas nenhuma teologia. Os cristãos têm um único deus, mas uma teologia vasta e variada que não avança só por fé, mas por dedução. Apesar de os exemplos serem todos inacreditáveis, trago um aqui que sempre me divertiu: a forma do mundo que Cosme Indicopleustes deduz das Sagradas Escrituras. Em sua cartografia, mais ou menos na metade do século VI, o mundo tem a estrutura de um baú com base retangular, cujo lado maior é o dobro do lado menor, e tem, como abóbada, um semicilindro sustentado por quatro pilastras. Sempre a partir das Escrituras, deduziam-se os povos que habitavam as terras emersas, a estrutura do Universo, a existência de anjos e diabos, e, sobretudo, que a Terra não podia ser redonda, pois, nesse caso, os seres que habitavam abaixo do equador viveriam com a cabeça para baixo, e a própria chuva não poderia descer, mas subir, e isso não era razoável.

«Mais irracional do que o universo em forma de baú?», perguntava a meu pai, e ele, solícito, respondia: «Sim, mais irracional».

A magia do raciocínio dedutivo, e sua falácia, está na evidência de que, partindo de algo a que se chama «verdade» ou «axioma», mas que é só um ponto de vista (o qual, ainda que não seja muito, é o bastante para construir um mundo), pode-se chegar a qualquer lugar. Por isso, atenção às premissas. *Ex falso quodlibet*, diz-se em latim [«a partir do que é falso, qualquer coisa surge»].

Os cientistas que, no fim daquela Idade Média teológico-dedutiva, lendo os gregos, voltaram-se novamente para o estudo da Natureza haviam crescido e estudado em um mundo no qual a Religião tinha uma filosofia própria da Natureza, resumida na seguinte frase: o mundo foi criado por Deus, mas os homens podem compreendê--lo racionalmente.

No entanto, como se concilia a busca pelas leis do mundo com a consciência de que, em todo caso, as leis foram escritas pelo Deus Pai? Simples: dizendo que Deus criou o universo segundo leis matemáticas, portanto, que Deus é o grande matemático do universo-mundo. Descartes, Newton, Huygens e mesmo Galileu podem ser pensados, então, como teólogos que, em vez de Deus, estudavam matemáticas e físicas. Além disso, o conhecimento matemático é uma verdade absoluta e indiscutível (ainda que transitória, mas a isso voltaremos); por outro lado, a respeito das Escrituras, é possível que não haja um consenso. Tanto é assim que existem heresias religiosas, mas não heresias físico-matemáticas (não vou aludir ao episódio cruel dos incomensuráveis, que arrasou os pitagóricos). Ou talvez existam heresias físico-matemáticas, mas não em meu nível energético – e, no caso, é melhor ler os livros de Paolo Zellini (dizem que, em cima da mesinha de cabeceira de Italo Calvino, quando ele morreu, em 1985, havia um exemplar de *Breve storia dell'infinito* [«Breve história do infinito»], que havia sido publicado naquele mesmo ano).

Em suma, Deus se revelava na Natureza e, graças à coincidência formal entre Deus e Natureza, os cientistas podiam estudar a segunda, em vez do primeiro. Há outra diferença simpática entre Matemática e Religião. Na Matemática, graças ao raciocínio dedutivo, não existe princípio de autoridade – cada um pode encontrar ou buscar o resultado por si só. O conhecimento é um processo e é acessível a todos, não é privilégio de uma casta de príncipes ou de padres. Imaginar, inventar, como fez Euclides, os elementos de um mundo e deduzi-los. Todo um mundo a partir do nada, graças à dedução, proporção e abstração. A ideia de que a descrição do mundo – os *Elementos* de Euclides, e estamos por volta de 300 a.C. – tenha sido feita por meio de objetos inexistentes, como pontos e linhas, empalidece não só as metamorfoses mitológicas (que partem de seres existentes), mas também o mundo-baú de Cosme.

Voltemos à Verdade, aliás, à sugestão da Verdade. O sistema produzido por Euclides – suma da Matemática até aquele momento e propulsor matemático dali em diante – era considerado a Verdade. Os livros, em sua estrutura, reverberam certeza, serenidade, eternidade. (A Matemática, além disso, exceção feita às religiões, é a única disciplina que se ocupa cotidianamente de eternidade e infinito.) Todavia, algumas sombras rapidamente haviam obscurecido os Campos Elíseos. Uma dizia respeito às retas paralelas. O quinto postulado de Euclides reza, em sua formulação mais notória: em um plano, dada uma reta e um ponto externo a ela, passa, pelo ponto, uma e apenas uma única paralela à reta dada. Refletindo sobre isso, parece evidente. E, apesar de minha mente − e a de ao menos três gerações − ter sido perturbada por desenhos animados japoneses como *Capitão Tsubasa*, *Attack n.1* e *Ace o Nerae!*, a unicidade da paralela era a experiência cotidiana nas folhas de desenho. Nos primórdios do postulado, porém, e com razão, essa paralela única era inquietante, *creepy*, porque nem esse postulado parecia consequência dos quatro primeiros, nem poderia ser feito sem a construção da Geometria. Não havia dúvida sobre a veracidade do quinto postulado, porque não havia dúvida de que a Geometria dizia a verdade em relação a seus objetos, que eram assim facilmente assimiláveis aos objetos do mundo. Dessa forma, não havia dúvida de que a Geometria dissesse a verdade em relação ao mundo, à realidade. As dúvidas diziam respeito à natureza do quinto postulado: verdade, consequência ou preferência?

Por cerca de dois mil anos, os matemáticos, movidos por uma exigência de completude, de absoluto e de curiosidade, indagaram sem cessar a natureza do postulado, sem muito sucesso. Quem chegou mais perto, no sentido de que vê, mas não compreende, foi um jesuíta italiano, Giovanni Girolamo Saccheri, nos anos trinta do século XVIII. Saccheri procede por absurdo: supõe que a paralela não seja única e começa a reconstruir a Geometria imaginando se chocar com contradições evidentes. Não encontra nenhuma, e, embora a Geometria, que ele constrói assumindo como hipótese a negação do quinto postulado, seja coerente, não consegue subtrair valor de verdade ao sistema de Euclides. Entre seus olhos, seu intelecto e a correção da demonstração, Saccheri escolhe Euclides. A Verdade absoluta, como já disse, é desresponsabilizadora.

Para escapar da sugestão da Verdade, será preciso outra centena de anos e duas gerações de matemáticos – um pai e um filho.

Nos anos setenta do século XVIII, nasceu, na Hungria, um homem chamado Farkas Bolyai, cujos muitos talentos abrangem o de excelente matemático, com a obsessão (quase uma infecção dos conceitos abstratos) de desvelar a natureza do postulado das paralelas. Farkas tem tantos dons, e caráter, que, aos doze anos, torna-se preceptor de um coetâneo aristocrata e rico, em companhia de quem, anos depois, é mandado para a universidade na Alemanha.

Em Göttingen, onde estuda, Farkas encontra Gauss, o príncipe dos matemáticos. Os dois ficam amigos e se propõem reciprocamente problemas, para os quais lançam soluções hipotéticas, até que Farkas, por um revés econômico de seu benfeitor, é obrigado a voltar para a Hungria. A pé. Ele não esmorece, ou não temos registro de seu desencorajamento, mas sabemos que leva um ano. Farkas é jovem, bonito e inteligente e, uma vez de volta, imagina e publica comédias, inventa uma espécie de forno para cerâmica, escreve um tratado de Matemática e encontra uma mulher com a qual tem um filho, János. O pequeno János é levado à Matemática como outras crianças são estimuladas a pronunciar «ma-mãe, pa-pai», e, com efeito, com cinco anos, resolve problemas complexos e já está contaminado pelas obsessões do pai. Dentre elas, o postulado das paralelas. Anos depois, János vai estudar em Viena, em uma escola militar muito renomada, e de lá comunica ao pai que entendeu como resolver os nós das paralelas.

O quinto postulado é uma hipótese: a cada vez que você o muda, surge uma Geometria diferente. Exatamente aquilo que Saccheri havia descoberto, sem se dar conta.

Agrada-me pensar na Geometria como uma granita, uma raspadinha feita como antigamente. Na base, tem-se um copo cheio de gelo triturado (os primeiros quatro postulados). Depois, pode-se escolher o sabor, adicionando um xarope. Acrescenta-se menta (única paralela), tamarindo (infinitas paralelas) ou morango (nenhuma paralela) e toma-se a granita desejada. Portanto, a Geometria de Euclides é apenas uma das possíveis. Geometria sabor Euclides.

Farkas, lendo as demonstrações de János e seguindo seu raciocínio, decide escrever ao velho amigo Gauss para lhe enviar os estudos e resultados do filho. Quer que todos saibam, que todos experimentem o que János já havia experimentado. Gauss minimiza, relativiza, contemporiza, responde que sim, ele também havia mais ou menos chegado a isso, mas nunca havia publicado os resultados porque não interessavam a ninguém. Acrescenta que são geometrias inúteis porque a única Geometria que satisfaz os critérios da experiência e da física é a euclidiana. Farkas e János se deprimem e vivem com dificuldades (menos trágico que isso, mas não tanto). A primeira hipótese – com cara de desenho animado dos anos 1970, ou, ainda, de romance histórico de aventura, do tipo dos de Walter Scott, pelos quais, aliás, Gauss era apaixonado, lendo-os e relendo-os – é de que Gauss temesse Kant e os kantianos. Se, com efeito, o espaço não é absoluto, então talvez o tempo tampouco o seja. O espaço e o tempo, para Kant, preexistem aos objetos (de outro modo, não seria possível pensar os objetos ou o antes e o depois). Se a Geometria de Euclides não é a única possível, o espaço absoluto e o tempo absoluto, base e pilares tanto da Filosofia de Kant como da Física de Newton, desmoronam. Mas talvez isso fosse pouco para fazer Gauss vacilar.

A questão que me convence diz respeito à face de Deus. A Geometria euclidiana é a única tão humana a ponto de, vale a pena reafirmar, estar de acordo com nossa experiência. Sabemos que, ao lançarmos uma bola, ela não muda de forma ou dimensão durante o movimento. A Geometria euclidiana descreve, assegura e garante formalmente essa experiência. E também uma outra coisa especialmente balsâmica para nossa vaidade cristã. Se projetamos um ser humano daqui à eternidade, no infinito tempo e no infinito espaço, o ser humano não muda de forma. Terá dois braços, duas pernas, uma cabeça. A Geometria euclidiana garante que Deus tem a forma do homem, e vice-versa. Em outras Geometrias, Deus poderia ter a forma de Barbapapa, e isso, para a vaidade dos seres humanos, seria insuportável; e, talvez, levando em conta o que as Escrituras contam de Jesus feito homem (projeção da eternidade de Deus em nossa temporalidade), uma Geometria que não seja euclidiana, além de não ser útil, é blasfema. Sem falar da história de reis e rainhas, que descendem diretamente de Deus. Que forma teriam tido se a Geometria não fosse a euclidiana?

A Matemática, no entanto, não admite princípio de autoridade nem da parte de Deus, nem da parte dos homens. Espaça, encontra, acrescenta novas verdades às preexistentes. A ideia de que Deus não tivesse nossa forma assustava Gauss? E Newton e Kant pensavam nisso enquanto definiam como absolutos o tempo e o espaço?

Em uma perspectiva espiritual, o fato de que outras Geometrias sejam possíveis e coerentes nos faz esperar que Deus possa ter a forma de uma planta e estar já aqui contribuindo para nossa subsistência e salvação.

Seu profeta, se assim fosse, seria o neurobiólogo vegetal Stefano Mancuso.

Quase contemporaneamente, mas de forma independente de Farkas e János Bolyai, um matemático russo, Nikolai Lobachevsky, quebra o teto de vidro da Geometria euclidiana e, em seus *Novos princípios de geometria: com uma teoria completa das paralelas*, escreve: algumas teorias da Geometria Elementar deixam a desejar ainda hoje, e penso que se deva a essas imperfeições o fato de que a Geometria tenha progredido tão pouco depois de Euclides, se não considerarmos as aplicações da análise matemática. Entre os pontos defeituosos da Geometria, lembro... a importante lacuna representada pela teoria das paralelas. Tanto aos dois Bolyai, como a Lobachevsky, deve-se uma concepção da Matemática contemporânea segundo a qual ela não é especificada e definida pelos números ou pelos entes geométricos, mas pelas relações entre eles. De Finetti acrescentará, cerca de duzentos anos depois: também pelas relações conosco.

Lições de casa

Devo confessar que não sei mais resolver uma equação diferencial, desenvolver uma integral e, creio, também teria dificuldade com os problemas clássicos de Geometria Plana; mas gostaria de esclarecer que todas essas questões, e outras tantas mais, foram meu ganha-pão por muitos anos. E, assim, como o corpo dos atletas conserva a memória de uma disciplina exercitada dia após dia, ano após ano, em meu cérebro permanecem as marcas de cálculos, implicações e deduções, e na minha grafia também: os «f» se alongam como os sinais de integrais, os «d» lembram o símbolo de derivação, e meu raciocínio monta e desmonta. Nunca penso nas coisas individuais, mas em funções e relações: vejo tudo em conjunto.

Os matemáticos – e isso também permanece em mim, que já não sou mais – ocupam-se naturalmente de contextos e linguagens. Devido a essa característica induzida e potencializada pela disciplina, os matemáticos seriam mediadores culturais muito bons.

Mais do que em outras disciplinas, na Matemática, à parte os dons naturais (como, por exemplo, os quadríceps de Usain Bolt na corrida), dedicação e exercício são fundamentais.

Não é verdade, absolutamente, que, para estudar Matemática, «é preciso levar jeito». Para estudar Matemática, como de resto para tudo o mais, é preciso apenas estudar. Percebo que estudar, na ditadura do imediato em que vivemos, é um verbo incômodo, cheio de consequências, ao qual foi subtraído o sinônimo, natural, de «projetar» ou «imaginar». Um processo, longo e lento, no qual os professores do Ensino Fundamental e Médio foram laboratório de acusações que podem ser resumidas no trivial bordão: «cultura não enche barriga». Depois, foi a vez dos outros, professores universitários, jornalistas, secretários de prefeituras, médicos de Saúde Pública, deputados e senadores, editores, todas as figuras de mediação que, deixando de lado eventuais abusos, garantem, mantêm, nutrem a Democracia de um país. Um processo longo e lento direcionado a transformar a vida social em uma vida econômica, mais econômica, apenas econômica, e os cidadãos em consumidores.

O surgimento da Covid-19 e a sua gestão, na Itália e fora dela, mostraram que precisamos sempre nos lembrar de que direitos e deveres não existem apenas na emergência. As estruturas gramaticais tampouco existem apenas no momento em que falamos. A Gramática, os direitos e os deveres desenham um mundo onde a comunicação é possível, mas, se não os exercitarmos, eles se perdem e se esvaziam.

Como funciona o tempo no âmbito da Constituição italiana? Alguns direitos vêm antes dos outros, têm uma relação de causalidade, ou não? Os direitos vêm em série, ou em paralelo?

Vamos recuar um passo no tempo. Sentar para resolver um exercício de Matemática é um gesto de protesto em relação ao presente, seja pela percepção de uma urgência, seja por uma pausa de força maior, porque estudar Matemática é se reapropriar do tempo. Chamo de presente a obsessão da disponibilidade, a quase impossibilidade de entrar em lugares públicos onde não haja música (restaurantes, salas de espetáculos), anúncios comerciais, ou de outra natureza (trens e aviões). Chamo de presente tudo aquilo que, para controlar os seres humanos, separa-os uns dos outros e lhes captura a atenção. Chamo de presente a Covid-19. Chamo de presente as reuniões de trabalho que sempre têm um horário para começar, mas quase nunca um horário para terminar. Chamo de presente, de vez em quando, o *smartphone* que amo.

Não existem Filosofias e Religiões que sejam igualmente eficazes, não existem passeios na natureza que resistam à comparação com o tempo e o silêncio que a resolução de um exercício de Matemática nos proporciona. Pode-se recomeçar a partir das multiplicações de dois dígitos, da divisão ou da tabuada. Tecnicamente, a Matemática, treinando para a identificação das relações entre os objetos, para a relação entre uma causa e um efeito, para a aproximação por analogia de questões distantes, afinando a velocidade de raciocínio, libera tempo para outra coisa – aliás, ela cria esse tempo. Tardes ao sol, amor, sexo, *hobbies* variados, reflexão difusa e absorta sobre o que estamos fazendo da vida, se aquilo é mesmo o que queríamos fazer. A Matemática gera tempo livre e, portanto, tempo para ser investido. É evidente que, desde o fim de fevereiro de 2020 até hoje, a percepção do tempo de cada um de nós mudou, mas a Matemática, além de criar o tempo, regula-o. Não importa que o tempo seja demasiado vazio ou pleno, que todos os excessos se pareçam; o importante é que se consiga governá-lo. Fazer um cálculo, mesmo que simples, é um primeiro gesto.

Além disso, por características de aplicação e exercício, e por evidências construtivas (sem 1, não há 2 e não há 3; sem as adições, não é possível fazer as multiplicações; sem as equações, não é possível passar para as inequações; e, sem as inequações, nunca se pode vir a estudar a convergência de uma série), pela evidência, enfim, de que Matemática se aprende de um modo que envolve o princípio de causa-efeito, isto é, a necessidade, tem-se que ela é a disciplina que, já a partir das primeiras noções, fornece uma postura lógica, a qual logo se revela uma postura ética e cidadã.

Todavia, justamente pelas características de dedicação, exercício e necessidade, o estudo da Matemática não encontra lugar em um mundo onde, tendo sido abatido o próprio conceito de futuro, exercitar-se e dedicar tempo a coisas e pessoas tornam-se ações contraproducentes. Com o agravante de que dedicação e exercício pressupõem uma dose de cansaço, termo que parece relegado ao século XX, hoje apanágio exclusivo do jargão *fitness*, ligado à oportunidade de perder peso.

As academias de ginástica, além disso, rapidamente se transformaram em aplicativos que cada um de nós pode baixar no *smartphone*, desde que tenha um. Eu, que tenho, senti-me em uma máquina do tempo, quando podia ver – ou talvez seja uma lembrança construída – Jane Fonda em um *collant* de *lycra* ensinando aeróbica. O aplicativo *fitness*, mais do que os de encontros e menos do que os de rastreamento, põe a questão de como funciona a Verdade na ausência de corpo. Entre um filme no qual alguém é interrogado com eletrodos conectados a uma suposta máquina da verdade e séries televisivas mais recentes em que o celular do fugitivo, ou o microfone, está preso a uma ratazana que corre livre pelos esgotos, pergunto-me como funcionará a Verdade em um mundo em que a comunicação – afetiva, política, de trabalho, religiosa, educativa – será cada vez menos mediada pelo corpo. Como reagiremos a uma verdade sem o resto dos sentidos? A Matemática é a única linguagem que me vem à mente, o único exercício em que a Verdade prescinde do corpo, em que o ponto de vista prescinde do corpo, ainda que não do sujeito.

A Matemática, disciplina extremamente econômica à qual todos podem ter acesso, porque é ensinada nas escolas de toda ordem e grau, revela-se, observando-a como práxis e não só como teoria, uma forma de mediação – de ética – e um exercício sobre a Verdade em um mundo em que o corpo está submetido a limitações inéditas. Presença, sujeito sem corpo.

A instrução é horizontal, a Cultura é vertical (Autoficção)

Eu me considero um excelente produto da escola pública italiana, e para esse resultado concorreram primeiro meus professores, depois, meus colegas de universidade e de doutorado e, por fim, por um tempo mais breve, meus alunos. Não teria estudado Matemática se, no Primário, o professor Nicola não tivesse nos divertido com problemas simples de Geometria Sólida a partir de tigelas, copos e casquinhas de sorvete. Não teria estudado Matemática se, no Ensino Médio, Margherita Petriccione não tivesse convencido a mim e a meus colegas de que éramos excelentes em simplificar as expressões literais, ainda que, talvez, só manifestássemos boa vontade. Não teria estudado Matemática se, no Ensino Médio, não tivesse encontrado Giovanni Testa e, depois, Maria Rosa Valente, que me mostraram, em todas as horas de suas aulas, que as coisas eram complicadas, mas podiam ser resolvidas.

Calma e giz, dizia Giovanni Testa, enquanto, para Maria Rosa Valente, era suficiente alçar os olhos e se calar.

Não sei desde quando vem se difundindo na escola a moda de que as coisas (conceitos?, argumentos?, temas?, cálculos?) devem ser fáceis (tenho uma hipótese, porém). Mas lembro que, durante toda a década de 1990, as coisas eram, de cara, difíceis e obscuras, e ninguém ficava particularmente assustado. Nem mesmo na universidade, para dizer a verdade. Creio ter começado a compreender o quanto a Matemática era mais ampla do que eu havia estudado no Ensino Médio no dia da primeira aula de Análise Matemática I, ministrada por Albino Canfora.

Circulavam boatos incríveis sobre Canfora. Comunista aristocrático e latifundiário de Bari, que deixara tudo a meeiros para se dedicar à Matemática – como Wittgenstein havia renunciado à herança em favor das irmãs; que havia entendido Wittgenstein; que estudara no exterior, no norte da Europa e na Inglaterra, e que, por isso, vestia camisas xadrez com naturalidade; que o relógio de bolso disposto sobre a mesa com uma inclinação de 60° da correntinha em relação à caixa era a única herança que conservava; que seu livro preferido era *Anna Kariênina*, porque, toda vez que explicava matrizes, mencionava o conde Vrónski (e isso fazia surgir a desconfiança – em quem, como eu, já havia lido *Anna Kariênina* – de que as matrizes instigassem a traição e levassem ao suicídio); que sofria de *horror vacui* porque, em toda aula, preenchia até o último canto da lousa dupla de correr, sobre a qual (des) explicava a análise matemática.

Dizia-se também que fora o predileto de Caccioppoli e que, na realidade, era físico. É óbvio que ninguém, jamais, nem mesmo eu, sonhou investigar ou zombar de alguma dessas informações. Na verdade, Canfora, com seus olhos claros, mas nem tanto, a voz tranquila, em uma cadência nem acelerada, nem lenta, não conseguia assustar ninguém, a despeito das demonstrações que duravam horas e cujo sentido nunca era evidente de imediato (como o postulado das paralelas). Mas, repito, essa não era uma questão, porque, para compreender, é preciso tempo. Para conseguir explicar depois, é preciso ainda mais tempo.

Havia, assim, nas aulas de Albino Canfora, um subtexto que ecoava não só *Anna Kariênina*, mas também Homero e Mao Tsé Tung, bem como outros relatos, suaves e mansos como uma sereia – a linguagem formal era a corda que nos mantinha presos à salvação –, o qual cantava que a Matemática era como uma Gramática, que suas verdades também eram sentimentais, que, para compreender o mundo, era preciso ler, ler, ler também romances, porque, sem eles, não se compreendia o mundo e, sem compreendê-lo, não seria possível governá-lo. Anos depois, em Luigi Maria Ricciardi, Paolo Baldi e Roberto Natalini, eu encontraria, além de interlocutores matemáticos, grandes leitores.

Um episódio, sempre ligado a Canfora, fez-me compreender de uma vez por todas como conhecer é um processo que nos leva à dúvida, mais do que à certeza. No segundo ano, ao final de uma aula de Análise Matemática 3, aproximei-me da mesa do professor com uma integral que eu não era capaz resolver. Disse-lhe, enfadada com minha incapacidade (enfadada como se aquela incapacidade fosse de outra pessoa, não minha): «Não consigo resolver essa simples integral!» (indignada, simplesmente). Apagando a lousa – ele sempre apagava a lousa, mesmo se fosse a última aula do dia, revelando, nesse gesto, profunda educação e senso de coletividade –, o professor Canfora bateu o olho na folha e sorriu, não para zombar de mim, mas com doçura. «Senhorita», ele disse, sem interromper o movimento circular que lembrava o mestre de *Karatê Kid* em passa-a-cera-remove-a-cera, «esta é uma integral elíptica que não pode ser expressa em termos de funções elementares.» A forma amigável da integral havia me enganado. (Voz em *off* de minha vó: «Que Deus me proteja dos amigos, porque dos inimigos cuido eu».)

Compreendi, naquele momento, que conhecer Matemática significava compreender quando as coisas não podiam ser resolvidas e que, apesar de ter certeza de tê-lo feito, ainda não havia estudado o bastante. Que as lousas devem ser apagadas também quando nelas estão escritas grandes Verdades, para que os outros possam escrever as suas. E que as aparências enganam, mesmo em âmbitos inesperados como os das linguagens formais. Como os indígenas da América, eu tinha de me convencer de que existiam coisas que eu podia resolver e coisas que não podia, e que era necessário melhorar a capacidade e a humildade de distingui-las. Escrevo sobre pessoas porque o aprendizado tem a ver com os encontros, com o reconhecimento e com a confiança.

A questão, porém, é que a instrução é um processo horizontal e coletivo, enquanto a Cultura é vertical e singular. A Cultura é uma escolha individual. Uma escolha que eu fiz, algumas vezes com cansaço, outras com leveza, outras com uma espécie de exaltação religiosa, outras ainda com o caráter inelutável da predestinação (filha de comunistas).

Anos atrás eu reprochava os intelectuais, os eruditos que permaneciam atrás da escrivaninha estudando sem descer ao mundo. Era depreciativa. Agora os compreendo, ou talvez não os compreenda, mas os invejo, porque é cansativo confrontar-se – e os professores na escola e na universidade o fazem – dia após dia com a velocidade com que perdemos palavras e formas gramaticais e, portanto, conceitos e princípios de causalidade, direitos e deveres, boa educação. Hoje – às vezes ainda depreciativa, mas agora em relação a mim mesma –, ajo «como se» o estudo e a compreensão fossem ainda como quando os conheci, como me foram ensinados e como os compreendi, e espero ter a humildade de compreender como mudaram e que esse «como se» cria um espaço de futuro cultural.

Para que serve estudar Matemática

A pergunta «Para que serve estudar Matemática?» me perseguiu durante os anos de escola, desde o Primário até o Doutorado e o Pós-Doutorado, período em que, como se fosse possível, tornou-se ainda mais frequente. Além disso, na classificação não declarada, mas inamovível, das pessoas que me faziam essa pergunta, estudar Matemática era pior (no sentido de menos útil, menos remunerador, menos *sexy*) do que estudar Medicina, Arquitetura, Direito, Engenharia ou Agronomia, mas melhor do que Filosofia ou Filologia Clássica, por exemplo (Letras Modernas nem contava). Assim, depois de anos respondendo com um sorriso entre entediado e superior (mais superior, obviamente), compreendi que a resposta certa era: estudar não serve, estudar comanda.

Quando os estudantes me perguntavam (na escola): «Para que servem os logaritmos?»; ou (na universidade): «Mas para que serve saber que as matrizes são um anel?»; eu respondia que os logaritmos não servem, comandam, e que também os anéis comandam, e não só na Terra Média, de Tolkien. Com frequência, a citação literária – àquela altura também cinematográfica e da moda – suscitava o espantado «Oh!», de que me orgulhava e que me dava satisfação. Provavelmente, consideravam-me uma mitômana. Aliás, pensar poder ensinar algo a alguém pressupõe uma forma de mitomania. Para educar os outros, é preciso ter, em relação a si mesmo, ao menos um pouco de confiança e simpatia (voz em *off* de Natalia Ginzburg).

Mitomania que, para a Matemática, é agravada pelo fato de que ensinar, do Ensino Elementar em diante – passada, em poucas palavras, a fase das réguas coloridas e dos problemas de Aritmética com maçãs e peras (ao menos segundo se imagina) –, faz--se com objetos invisíveis e, com frequência, inexistentes, os quais geram aprendizados tão invisíveis e inexistentes quanto o próprio método de ensino, motivo pelo qual, à medida que avançamos nos estudos, encontramo-nos circundados por coisas invisíveis, as quais, apesar de invisíveis e inexistentes, têm o mesmo significado e valor para todos. Em resumo, você vê coisas que nem todos veem, mas não é maluco. É como quando está sozinho e ouve vozes, mas você não é louco: é só o rádio ligado.

Ao contrário das palavras com as quais falamos, as palavras matemáticas não são passíveis de incompreensão, porque, quando alguém diz «círculo», todos pensamos na fórmula com o π. E o círculo pode, claro, ter raio mais ou menos amplo, mas, fora isso, nada muda. O círculo é definido por uma relação entre algumas de suas características, e essas relações são uma Gramática comum. A Matemática não é a Ciência dos objetos, mas das relações entre os objetos, assim como a Gramática é a Ciência das relações entre as palavras. Por isso, é importante conhecer a Gramática: sem ela, as frases não são construídas com um sentido comum entre quem fala e quem escuta, não se minimiza a incompreensão, conexa, inevitável (assim como o erro nos cálculos), na comunicação entre seres humanos. E não se constroem histórias. A Matemática é, entre as disciplinas formativas, aquela graças à qual se compreende que apenas os ortodoxos fazem a revolução.

Um dicionário que entrou em desuso, mas que apresenta a realidade de maneira Matemática, é o *Vocabulario nomenclatore* [«Dicionário de nomenclatura»], compilado para a língua italiana nos anos oitenta do século XIX por Palmiro Premoli, um homem sobre quem, infelizmente, pouco se sabe. A edição integral desse que é o maior dicionário conceitual do século XX pode ser encontrada na biblioteca digital Archive.org. Premoli não dá um significado às palavras, mas oferece uma constelação de sentido e pertencimento. A entrada *matemática,* por exemplo, expande-se pelas palavras, lá em negrito, «quantidade», «número», «extensão», «aritmética», «geometria», «álgebra», «verdade», «problema», «equação», «cânone», «logaritmo», «curva», «proporção». A entrada *mesa* passa por «banco», «parede», «pavimento», «cozinha», «sala de jantar», «toalha», «pintura», «registro», «livro», «aritmética».

Até hoje não me conformo com o *Esame di Stato* de 2017 [«Exame de Estado»]. Em um dos problemas propostos, havia um homem, com uma palheta na cabeça, de gravata borboleta e suspensórios, que descia uma escada em uma bicicleta de rodas quadradas. O problema, ou melhor, sua formulação, teve grande ressonância nos jornais. Escrevi sobre isso para o jornal *La Stampa*. A questão em si não diz respeito a uma bicicleta de rodas quadradas e a como é possível que ela ande. Trata-se de um problema corriqueiro sobre função, ao qual se acrescentou, para torná-lo mais divertido, mais atraente, a imagem circense de um homem em uma bicicleta de rodas quadradas. Portanto, sobre o problema em si e sua adequação aos programas do Ministério de Educação, não há nada a dizer. Aliás, com frequência, as composições de funções exponenciais para os estudantes (foi assim também quando eu era estudante) são reconfortantes.

A imagem do homem é circense (gravata borboleta, suspensório e palheta), e a bicicleta que anda sobre rodas quadradas parece um fenômeno, uma maravilha, um milagre. Exatamente o contrário da Matemática. A Ciência não é um fenômeno mágico-religioso que provoca estupor. A Ciência demanda, requer e fornece (às vezes) mecanismos para compreender. Que a bicicleta de rodas quadradas ande em certa superfície não é um número de circo nem um milagre, é uma coisa perfeitamente lógica. O milagre nem é tão bom, se precisa modificar a razão íntima das coisas para torná-las melhores (voz em *off* de José Saramago). A imagem é a tal ponto lógica e natural que as razões físicas pelas quais a bicicleta de rodas quadradas avança pela escada são aquelas pelas quais uma de roda circular se desloca em uma superfície plana. Só que uma roda redonda em uma superfície plana não é espetacular. E, assim, a reflexão que volta, acompanhando os quesitos do problema, é por que, mesmo na escola, procuramos o espetáculo, o evento, o achado, em vez da sugestão de que, para compreender as coisas e, portanto, para se espantar com elas, é preciso tempo e intenção. Se a bicicleta de rodas quadradas é uma isca, por que não fechar a questão com uma bicicleta de rodas redondas que corre no plano – e, sim, que causa espanto! – e perguntar: mas por que uma bicicleta de rodas redondas se move?

Alguém poderia argumentar que essa seria uma pergunta de física. Todavia (advérbio que conjuga desconcerto e razoabilidade), se a instrução é dada em disciplinas estanques, a Cultura (portanto, a projeção da experiência e a prática da imaginação) não tem disciplinas estanques, e, com efeito, uma bicicleta de rodas redondas se movimenta, como sabemos, até não topar com um degrau (indeformável) cuja altura é a mesma do raio da roda. Mesmo motivo pelo qual a bicicleta de rodas quadradas avança por certas escadas, e não por outras.

O problema da bicicleta de rodas quadradas é exemplar, porque, cada vez mais, um conceito, para poder ser acolhido, deve ser acompanhado por um *evento*. Também na escola. A Itália prefere a inauguração à manutenção (voz em *off* de Leo Longanesi). Ou seja, a escola deveria conservar a Cultura, deveria confirmar que uma bicicleta com *certas* rodas quadradas em *certa* superfície com degraus é como uma bicicleta de rodas redondas no plano, e que, aparências à parte, os princípios físicos são os mesmos, e que maravilha, milagre, número e espetáculo são, na verdade, descobrir as razões de semelhança e, portanto, de que as coisas distantes podem ser similares e as pessoas que nos parecem estranhas, na verdade, assemelham-se a nós.

Estudar Matemática foi, até hoje, a maior aventura cultural da minha vida. Por dois motivos: eu era muito jovem e era muito insegura. Em geral, se você tiver sorte, a juventude passa sozinha, mas a insegurança é mais insidiosa. A Matemática me fortaleceu, esclareceu os conceitos de «verdade», «contexto» e «aproximação», que, refletindo bem, mais do que questões matemáticas, são questões democráticas. Penso que estudar Matemática eduque para a Democracia mais do que qualquer outra disciplina, seja científica ou humanista.

O exemplo mais evidente, e basta ter concluído o Ensino Médio para compreender, são as equações de segundo grau. Os babilônicos já as conheciam, não a forma geral de resolução, não a classificação, mas as usavam.

Podemos sintetizar a forma geral com a letra grega «Δ», conhecida como discriminante, cujo valor, estabelecido apenas a partir dos coeficientes da equação, permite dizer se a equação é resolvível ou não no conjunto dos Números Reais, e também, caso seja, qual é a solução. Os Números Reais são o conjunto dos Números Racionais e dos Números Irracionais. Os Números Racionais são todos os números que podem ser expressos em forma de fração – incluem, como subconjunto, os Números Inteiros e são infinitos. Nosso cotidiano é apinhado de Números Racionais. «Por favor, meio quilo de pão». «Nos meses de março e abril, passei três quartos do tempo diante da tela». Os Números Irracionais são todos os demais – talvez o mais comum de todos seja π («Quem rege o mundo? Atlas. E quem rege Atlas? A tartaruga. E quem rege a tartaruga?» Peço desculpas por essa introdução mitológica ao discriminante e volto à equação).

Por quase 2 mil anos, $x^2 + 1 = 0$ não teve solução. Era uma equação impossível, porque, deslocando-se o termo numérico para o segundo membro, chega-se a $x^2 = -1$ e, portanto, um quadrado, correspondente geometricamente a uma área, seria equivalente a um número negativo. Impossível. Por dois mil anos a inócua – não como a integral elíptica submetida a Albino Canfora – equação foi impossível. Todos estavam de acordo, agrimensores e cientistas. No século XVII, o século das revoluções científicas, Descartes (e não só ele) começou a pensar que a equação é irresolvível nos números que conhecemos, mas que é possível imaginar conjuntos de definições que garantam a solução também dessa equação, um mundo em que os quadrados também possam ser negativos. O conjunto dos Números Imaginários. E, uma vez que sob uma tartaruga sempre tem outra tartaruga, os Números Imaginários são números que contêm a unidade imaginária e que se escrevem de forma algébrica $a+ib$, sendo «a» e «b» Números Reais, e $b\neq0$ (outras representações são admitidas).

Os estudiosos nos 2 mil anos precedentes tinham se enganado? Todos eram cretinos, e Descartes o único a ter compreendido? Não. Simplesmente, alguém começou a intuir que os Números Reais não eram todos os números, mas podia haver muitos outros. Em Matemática não existe a expressão «só eu entendi isso».

A definição de raiz imaginária é de Descartes, nos anos trinta do século XVII, mas é a voz em *off* de Leibniz que diz: a Natureza, mãe das verdades eternas, aliás, o espírito divino, é, na realidade, demasiado ciumenta em relação à sua variedade extraordinária, para consentir que todas as coisas se concentrem em um único gênero e, por isso, encontrou um expediente sutil e admirável naquela prodigiosa análise, naquele monstro do mundo das ideias, que é uma espécie de anfíbio entre ser e não ser, chamada «raiz imaginária». Abrindo, entre outras coisas, a porta para o *queer* que será o centro da reflexão política, filosófica e civil a partir do século XX e até agora.

Resumindo: em um conjunto, o dos Números Reais, a equação continua a não admitir solução; mas, em outro, mais amplo, o dos Números Complexos, a equação admite solução. Parece-me um exemplo convincente sobre por que a Verdade (a solução de uma equação) depende do contexto. E acrescento que as verdades humanas se parecem com as verdades matemáticas. São todas absolutas e todas passageiras, dependem do conjunto em que são enunciadas – do contexto –, motivo pelo qual dizer que o corriqueiro *2 + 2* é sempre igual a 4, ou que *1 = 1* são afirmações discutíveis, cuja natureza se revela e se especifica no ambiente em que se enunciam. Pensem em *1 = 1*: *1 = 9 / 9 = 1* x *0,999...* e, portanto, para a propriedade transitiva *1 = 0,999...*

A Matemática vai fundo na definição da Verdade. Ninguém é dono da Verdade sozinho. Ou, dadas as condições no entorno e o conjunto de definições, estamos todos à altura de chegar ao mesmo resultado – ou posso gritar, em alto e bom som, o quanto quiser, ser dono da Verdade, mas gritarei em vão. A Matemática ensina que as verdades são participativas, por isso ela é uma disciplina que não admite princípio de autoridade. Todos, ainda que não sejamos Pitágoras, podemos demonstrar seu teorema. Todos, sempre do zero, seja com os mortos ou com os vivos. Politicamente, um conceito de Verdade absoluta, passageira e coletiva, seria tranquilizador em um clima político cheio de notícias falsas, declarações nunca comprovadas, afirmações de indivíduos que deveriam estar a serviço do Estado. Por isso, estudar Matemática nos ajuda a ser melhores cidadãos e a esclarecer como a Democracia, com todos os seus defeitos, é o melhor sistema de governo possível e, ainda, é uma forma, reitero, de revolução. Obviamente, a Democracia, como qualquer processo de natureza dedutiva, é lenta. Como qualquer linguagem formal, pressupõe conceitos de representação, Gramática, além de regras em comum. Mas, enquanto não existem tiranos na Matemática, politicamente os tiranos existiram e podem continuar a existir.

Compreender é uma aventura, e, como nas grandes aventuras ou explorações, alguém não retorna. Olhando assim, repito, a história da Matemática parece repleta de gênios. E, com efeito, apenas os gênios permaneceram nomeando teoremas, que passam de boca em boca, garantindo a eternidade: Pitágoras, Tales, Weierstrass. Falo daqueles sobre os quais todos já ouvimos ao menos uma vez ao longo dos anos escolares, mesmo quando estávamos distraídos rabiscando a agenda, mandando *SMS*, escrevendo na carteira ou jogando *Candy Crush*. Se é possível redescobrir escritores, poetas ou ensaístas que escaparam do cânone, mas estão conservados em bibliotecas físicas ou arquivos digitais, é raro encontrar os papéis matemáticos de quem fracassou em uma demonstração. Motivo pelo qual, para quem estuda Matemática, existe uma aura de presumida inteligência, aparentada com o gênio.

Já disse, mas é importante lembrar, que a ideia que temos da Matemática depende da narrativa que dela fazemos, e também de algo que chamarei de «consistência do erro». Se o erro é inevitável e, às vezes, é um modo de continuar uma pesquisa, ao lado de uma intuição, por que celebrá-lo? Se o erro é um instrumento, por que torná-lo épico ou reforçá-lo? Não existe relato realista na Matemática, só relato épico ou trágico. A intuição da gravidade é celebrada. Das intuições, celebramos o suposto caráter inato, a casualidade, o vir «do nada». Levamos adiante a ideia de que a solução para um problema possa vir do nada. Portanto, por que estudar?

A Matemática é uma disciplina que favorece a difusão da Democracia. Antes de tudo, um matemático nunca responde o *quem* mas sempre o *o quê*, razão pela qual, entre o catedrático que faz uma pergunta óbvia e um transeunte que faz uma pergunta interessante, a atenção do matemático primeiro se dirigirá ao transeunte. É uma disciplina que não admite princípio de autoridade, uma vez que ninguém possui a Verdade sozinho: as verdades são asserções verificáveis por qualquer um, ou, se não por qualquer um (algumas vezes é difícil), ao menos por certo número de pessoas. Além disso, a Matemática é uma linguagem, uma Gramática. Para discutir sobre ela, é preciso aceitar suas regras, de modo que um estudioso, ou mesmo um estudante de Matemática, está habituado a operar em um mundo de regras comuns. Para rediscuti-las, então, não se pode estar sozinho, são necessárias, pelo menos, duas pessoas. Obviamente, a Matemática não procede por voto, ou levantando-se a mão para falar, mas por hipóteses e verificações.

Se nossos políticos tivessem estudado Matemática e se, ao estudá-la, tivessem-na compreendido, eles se comportariam de outro modo em relação às tarefas do Estado que lhes cabem, porque não agiriam como indivíduos, mas como funções de um sistema mais amplo do que seus egos – e, sobretudo, não se preocupariam com coisas, mas com as relações entre as coisas. Nesse sentido, seriam mais cautelosos ao veicular uma notícia falsa ou não comprovada, pois estariam conscientes do quanto a notícia falsifica do resto e, às vezes, do contexto. Portanto, no que diz respeito ao que dissemos sobre o contexto – a própria notícia muda –, estariam conscientes do quanto o abuso de posição e de ocasião enfraquece outras posições do mesmo sistema democrático.

Democracia e Matemática

Uma emergência pode ser definida como uma circunstância que põe em perigo pessoas, coisas e/ou estruturas de vários tipos, a qual requer intervenções excepcionais e urgentes. Uma vez que a Democracia não sofre com a ditadura da urgência, existem os protocolos. O protocolo, como o mapa de Jack Sparrow em *Piratas do Caribe*, é indício e indicação, porque a probabilidade de haver duas emergências idênticas é muito baixa: o protocolo não pode prever tudo. Além disso, imagino o protocolo como o conhecimento: uma caixa de ferramentas que guarda aquelas mais adequadas a solucionar cada caso.

Entre as medidas a serem colocadas em prática para gerenciar a emergência, existem as que dizem respeito à comunicação da própria emergência, junto às quais se movem o medo, o pânico e a ansiedade, cuja difusão é possível estudar matematicamente por meio de modelos análogos aos virais. Em suma, do vírus não se escapa.

Entre os protocolos de gestão da emergência e para executar as medidas de contenção do contágio, houve também a limitação de alguns direitos constitucionais.

Todavia, a Administração Pública italiana
– que, mentalmente, e apesar de minha mãe,

imagino como um dos doze trabalhos de Asterix – age, tanto na emergência como na manutenção, com base em princípios, entre outros, de *prevenção* e de *precaução*, os quais, em síntese, sancionam, o primeiro, aquilo no que é necessário e oportuno intervir com ações preventivas, e, o segundo, aquilo em relação ao que é necessário e oportuno tomar medidas de proteção ainda antes da certeza de um perigo. Para que a Administração aja, basta um perigo provável.

Os dois princípios estabelecem o necessário para limitar ou eliminar o perigo. Admitimos, eu em primeiro lugar, a razoabilidade dessas limitações, mesmo sabendo que elas iriam afetar liberdades e valores essenciais em uma Democracia. De forma razoável, essas medidas terão uma duração, porém a fronteira entre proteção e controle, mesmo para mim, que pensava ter instrumentos culturais para distingui-los, está mais incerta. Consigo utilizar o verbo «aceitar», e não «sofrer», em relação às limitações de meus direitos constitucionais, até o ponto em que seja possível continuar compreendendo seu sentido. A diferença que se dá entre proteção e controle é a mesma que discrimina Democracia e Ditadura. Na Democracia, há instituições encarregadas do controle, e elas mesmas estão submetidas a controle; em uma Ditadura, há um homem forte, que, no entanto, poderia ser, com um salto de imaginação, um Estado forte, que controla os cidadãos para que respeitem as leis. E que os controla mesmo quando eles respeitam as leis. Na Democracia, não existe o pré-crime, para dizer com Philip K. Dick: cada cidadão conhece, ainda que brevemente, por senso comum, educação cívica e intuição, a diferença entre infringir uma lei e respeitá-la. Percebe a distância entre aceitar e sofrer. A precaução, e com ela o princípio, traduz-se, às vezes inconscientemente, na existência de medos que não têm razão de ser.

É difícil agir sem certeza alguma, mas, por outro lado, como ensinou De Finetti, não interessa avaliar a probabilidade do motivo pelo qual algo acontece, mas do por que um cientista, um matemático, um virologista ou um pesquisador pensa que esse algo acontece. E, ainda que às vezes não congruentes entre si, é a essa probabilidade carregada de estudo, imaginação e memória que nos voltamos, porque são certamente mais acuradas do que a nossa. É difícil respeitar as regras quando se cresceu com outras regras, e é difícil compreender *quando* e *se* essas regras, de instrumentos de proteção, transformam-se em instrumentos de controle fora de nós, mas, sobretudo, dentro de nós. A Ciência não avança por certezas, mas por hipóteses: ela é verificável. As Verdades da Ciência evoluem. Assim, pensar nos cientistas como sacerdotes da solução ou da cura é um modo de delegar responsabilidade política, além de institucionalizar, como Ciência, algo que é contrário à ela: a certeza fideísta.

A Democracia é um sistema lento e custoso, mas que precisa ser mantido. Como a compreensão, a Democracia não se escolhe uma vez e pronto: deve ser exercitada, renovada e verificada, assim como uma teoria científica. A manutenção da Democracia se faz pelo exercício dos direitos e o respeito aos deveres: e é exatamente como aprender a contar. Ela é complexa. A Ditadura é mais simples: um comanda, todos os demais obedecem. A Ditadura não é matemática, ela não se desenvolve e não se interpreta; muda de cor, mas funciona sempre do mesmo modo: um comanda, todos os demais obedecem. Não tem outra consequência, outra implicação, senão a obediência. Não tem outra hipótese, senão o princípio de autoridade. A Democracia é matemática, baseia-se em um sistema partilhado de regras continuamente negociáveis e continuamente verificáveis. A Democracia, assim como a linguagem e, entre as linguagens, a Matemática, não é natural, não é uma flor que desabrocha: é uma construção cultural e, portanto, enquanto tal, deve ser continuamente rediscutida; a Democracia não volta a verdejar na primavera, como certas árvores: é preciso escolhê-la, como se escolhe a linguagem.

Portanto, do ponto de vista constitutivo, a Matemática é o contrário da Torre de Marfim, do castelo, do sacrário; a Matemática prepara para o contexto e, assim, para sermos cidadãos e representantes dos cidadãos. E, desse ponto de vista, a Democracia, que, para poder existir, precisa de tempo e discussões mais longas do que um tuíte, é revolucionária. Não se alimenta de urgências, mas as prevê de forma mais ou menos razoável, segundo emergências que podem ou não se tornar catástrofes, também com base no modo como são enfrentadas e geridas. A Democracia não instiga a culpa, mas a responsabilidade; não instiga a diferença, mas a igualdade diante dos direitos e deveres. Não exclui, mas cria a comunidade. A Democracia e a Matemática não se submetem ao princípio de autoridade da urgência.

O primeiro erro de avaliação somos nós

Voltemos para o corredor do departamento onde, com vinte anos, eu lia o ensaio sobre probabilidade de Bruno de Finetti e onde me foi revelado o mundo da probabilidade subjetiva. A consequência dessa revelação teria sido começar a rever tudo de acordo com a aproximação subjetiva, mas não o fiz. Aliás, afastei-me muito rápido do banheiro, entrei na biblioteca, enfiei-me furtivamente entre as prateleiras e escondi o ensaio crítico sobre a probabilidade e o valor da Ciência. A observação de De Finetti – a diferença fundamental a ser ressaltada está na atribuição do «por que»: não por que o fato que prevejo acontecerá, mas por que prevejo que o fato acontecerá – tinha uma implicação que ia além da finalidade de meus estudos e das pesquisas matemáticas às quais me inclinava, além da confirmação de que não existe Verdade.

De Finetti dizia que a incerteza não é eliminável, apenas mensurável. O primeiro erro de avaliação nas coisas somos nós. Aos vinte anos, não estava disposta a aceitar isso, ainda não havia desmantelado a superestrutura de certezas às quais dava o nome de idealismo. Justiça, fraternidade, liberdade antes de tudo e também Verdade, apesar de não me fiar no conceito. Aos vinte anos, eu não estava disposta a aceitar que o erro é nossa característica principal. Hoje, com quarenta, parece-me reconfortante. Sobretudo o fato de que o erro une todos nós, ou seja, é um elemento ulterior de aproximação. Cada um de nós erra de maneira própria, mas todos erramos, e, portanto, todas as pessoas que erram se parecem... Seria possível escrever se servindo de um dos incipit mais notórios da história da Literatura (e também aqui Vrónski é pertinente).

Desse modo, a Matemática, em relação ao erro, é mais acolhedora do que o Cristianismo, mesmo que, na Matemática, o sinônimo de «perdoar» seja «compreender». Tanto para perdoar como para compreender são precisos tempo e intenção. Assim, a intenção, em relação ao aprendizado, é com frequência descuidada ou relegada como elemento secundário. A Matemática foi uma de minhas primeiras intenções, e não a elegi por amor (ou melhor, sim: por um amor pela professora do Ensino Médio), mas por protesto. Nunca tive dúvidas sérias porque, ao menos uma vez na vida, é atraente se confrontar com algo cujo sentido vem depois e, às vezes, muito tempo depois, e também porque compreendi que a Verdade é, sim, um ponto de vista, mas não tem nada a ver com manipulações triviais capazes de desacreditar um sujeito ou um tema aos olhos e ouvidos dos outros.

A incerteza é inevitável. E, assim, é nosso dever encarnar o erro. Deveria ser complicado construir, por meio dos seres humanos, um sistema de regras, de convenções inclusive, comuns e transmissíveis. Isso, porém, é mais simples do que parece, se a inefabilidade dos estados de espírito com os quais tomamos as decisões for substituída por um modelo de indivíduo que supomos não ter incertezas. Um análogo lógico da Barbie (para quem brincou, para quem gostaria de ter brincado e também para quem a detesta). Com efeito, não é que as já mencionadas estátuas gregas representassem a realidade: representavam um modelo, não afetado por imperfeições estéticas, de uma ideia de homem ou de mulher. Assim como o modelo lógico de indivíduo que construímos não é afetado pelas incertezas que nos caracterizam ao tomar decisões, nem pelas infelicidades em relação às quais ninguém está imune. Por meio desse indivíduo idealizado e de seus percursos racionais, suas apostas, é possível construir um sistema lógico independente de cor política e, mesmo, de dinheiro. Assim, a lógica se revela, graças a esse cidadão modelo, não uma propriedade das leis do mundo e do universo, mas uma extensão do domínio do raciocínio. E, portanto, a Matemática, como se compreende bastante bem também a partir de *Matrix,* intuitivamente, é um exercício para ampliar o raciocínio. Mas também é útil em outros âmbitos. E, aqui, eu volto à Democracia.

Nossa Democracia é representativa. Isso quer dizer que os cidadãos maiores de idade elegem seus representantes. E que, de acordo com os princípios da Constituição, esses representantes agem para governar e fazer a nação progredir em termos espirituais e práticos. Os representantes são cidadãos, são seres humanos e, portanto, são falhos. Todavia, na história de nossa República, alguns indivíduos escolheram aderir, e aderiram, a uma espécie de cidadão modelo com base no qual agir. Hoje, isso não acontece, ou acontece cada vez mais raramente, creio, e é por falta de imaginação. Se houvesse imaginação, mesmo que apenas o suficiente, nossos ministros se comportariam conforme aquilo que se espera de um ministro – portanto, de acordo com nossa Constituição; portanto, por exemplo, de acordo como o artigo 3º, que começa assim: «Todos os cidadãos têm a mesma dignidade social e são iguais perante a lei, sem distinção de sexo, raça, língua, religião, opiniões políticas, condições pessoais e sociais».

Não respeitar a Constituição, pisoteá-la, incitando, por exemplo, o ódio racial, cultural ou social, contrapondo o direito à saúde ao direito ao estudo, não só é uma ofensa à República – e a quem escreveu a Constituição pensando e lembrando o sacrifício de vidas humanas para reconquistar a dignidade da Itália, escreve Calamandrei sem temor de parecer soberanista –, mas é um comportamento que pode ser corrigido estudando-se Matemática, isto é, ganhando confiança a partir de sistemas nos quais, para agir, mover-se, julgar e, sobretudo, conviver e comunicar, é preciso aprender a respeitar algumas regras. Uma pessoa que estuda os Números Naturais, os Números Complexos, as equações de primeiro grau ou a Teoria do Caos começa sempre pelas definições, as quais, como estamos procurando aprender emocionalmente, não são regras preexistentes ao ser humano, mas pontos fixados pelos seres humanos para construir um mundo que vá além de sensações vagas e singulares.

Estudar Matemática significa se exercitar para entrever, supor e imaginar regras que não digam respeito a um único indivíduo ou objeto, mas a vários indivíduos e objetos e, sobretudo, às relações entre eles. Estudar Matemática significa introjetar a ideia de que as regras existem e de que, mesmo quando, às vezes justamente, são infringidas, elas são substituídas por outro sistema de regras (não ter regras, por exemplo, é ainda uma regra). A coisa interessante a se perguntar ao definir as regras é: que mundo elas desenharão? Que mundo a Constituição italiana desenha? Quando a leio e olho a meu redor, não vejo aquele mundo pensado, prometido e possível.

Sempre fui intolerante com o princípio de autoridade, jamais com as regras. A regra, aliás, como quase tudo, não é um estado, é um processo. Sem regras não se convive, sem regras comuns não se pode romper o *statu quo*, sem regras comuns existe a regra de um ou do outro, existe a Ditadura. As revoluções, depois de terem quebrado regras comuns ou derrubado ditaduras, tendem a criar regimes de controle ainda mais autoritários. Assim, quando criança, enquanto me apaixonava pelo desenho animado *Lady Oscar*, perguntava à minha mãe: mas o que eles fazem no dia seguinte à revolução?

Superaditividade

Passei muitos anos estudando e, portanto, talvez também por amor próprio, confio nas pessoas que estudam. Além disso, como filha de um servidor público, sempre tendo a confiar nas instituições. Então, agora, desde 9 de março de 2020 e sem deixar de observar as contradições entre as regiões italianas e entre os Estados europeus, confio nos médicos, nos enfermeiros, nos químicos, nos pesquisadores e também nos administradores que, cada um em seu âmbito, foram chamados a organizar um método e a exercitar uma praxe para limitar a difusão do Novo Coronavírus.

Durante muitos dos anos que passei estudando, eu me debrucei sobre números e, de modo mais preciso, sobre modelos matemáticos. Eu me divertia, por exemplo, observando as semelhanças entre modelos de difusão de uma epidemia e os de difusão de um boato, de uma piada. Ademais, Burroughs escreveu, e estou de acordo, a linguagem é um vírus. Com efeito, o provérbio latino *verba volant scripta manent* [«as palavras voam, a escrita permanece»] seria interpretado em um sentido mais preciso em relação ao habitual (de que as coisas escritas permanecem), isto é, de que as palavras escritas ficam paradas e as outras vão passear livremente. A questão é que as palavras e certos vírus, como o Novo Coronavírus, caminham sobre as pernas dos seres humanos (e também sobre os dedos que os seres humanos pressionam em telas e teclados). Talvez poderíamos nos descrever, em síntese ou em sentido fenomenológico, como um aglomerado de palavras, vírus e bactérias. A vida é uma doença mortal.

Estudar por tantos anos uma disciplina exata, como a Matemática ou a Física, significa procurar definir o medo. O que não quer dizer que deixei de senti-lo, mas tentei torná-lo menos vago. Significa também encontrar uma história. E a história Matemática que está por trás dos modelos de uma disseminação mortal ou imunizadora – ou cura ou morre, na realidade (presente!), também poderia ser retomada – são duas probabilidades. A primeira representa a probabilidade de que um indivíduo que pode ser infectado se infecte; a segunda tem a ver com a probabilidade de um indivíduo doente se curar ou morrer. O que podemos fazer para administrar a primeira probabilidade para a qual, na Democracia e na razoabilidade, nenhum decreto valeria? Procurar limitar o contato, isto é, se fechar em casa, cada um na sua. Apesar de a casa nem sempre ser acolhedora, seja do ponto de vista arquitetônico, seja daquele das relações.

A linguagem não é um vírus apenas no que diz respeito a maledicências: é também um vírus no que diz respeito à difusão de informações. Nos últimos dias, aprendi um novo termo: «infodemia». Da enciclopédia Treccani: «substantivo feminino. Circulação de uma quantidade excessiva de informações, às vezes não rastreadas com cuidado, que tornam difícil se orientar sobre determinado assunto por causa da dificuldade de especificar fontes confiáveis».

É possível admitir – e admito mesmo depois de ter falado de confiança em instituições, estudos de Matemática, modelos epidêmicos *et alia* – que a verdadeira infodemia tem relação com as modalidades de comunicação da contenção, do confinamento, do *lockdown*, e acabou levando a um regime de medo nada razoável, que uma vez mais revelou a fragilidade de nossa Democracia. Conduzindo-nos – certamente me conduziu –, sobretudo, a avaliar a vida como mero suporte biológico. O mero suporte biológico não funciona, e espero que me acompanhem no jogo de vai e vem – que tem, como casas no tabuleiro, Benjamin, Agamben e Rodotà –, no qual é possível avaliar a intersecção entre risco social e risco sanitário, sem subestimar o risco social.

Retomo Walter Benjamin em *Angelus Novus:* é falsa e pueril a tese de que a existência seria superior à existência justa, se existência nada mais quer dizer do que «vida nua». O homem não coincide, de modo algum, com a vida nua do homem; nem com a vida nua nele, nem com nenhum outro de seus estados ou propriedades, aliás, nem mesmo com a unicidade de sua pessoa física.

A vida nua é aquela em relação à qual todos somos excedentes. Giorgio Agamben escreve, em *Homo sacer*, que *zoé* e *bíos*, os dois termos gregos para vida, indicam a vida nua e a vida em relação, respectivamente (minha obsessão matemático-democrática). O corpo democrático existe apenas com os cidadãos; ele tem necessidade de estar em relação. Todos nós, pela emergência, fomos reduzidos à equação *vida nua + consumo*.

Sobre a não redutibilidade de um homem às próprias características e informações biológicas, genéticas e tecnológicas, Stefano Rodotà, em *Diritto di avere diritti* [«Direito de ter diretos»], falou melhor do que eu (e, portanto, por mim): é preciso afrouxar a ênfase tecnológica para evitar que a biologia apague a biografia. Há um permanente excesso da pessoa em relação ao conjunto dos dados físicos e virtuais que a compõem.

A biografia está *em relação* (coisas, pessoas, vida). Um conceito matemático que sempre me fascinou é a superaditividade (também existe, é verdade, uma subaditividade, assim como existe uma aditividade). E me parece que tem sentido.

A sucessão dos Números Naturais é uma sucessão aditiva, porque o termo n-ésimo, somado ao temo m-ésimo, dá como resultado o termo $n + m$-ésimo. O número 3, que está na posição 3, somado ao número 4, que está na posição 4, dá como resultado o número *7 = 3 + 4*, que está na posição 7.

A função quadrado de um binômio é, por sua vez, superaditiva, no sentido de que $(x+y)^2$, sendo igual a $x^2 + y^2 + 2xy$, é maior do que $x^2 + y^2$.

Assim, a vida individual e a vida coletiva gozam de uma superaditividade que faz com que nenhum de nós seja a mera soma dos próprios dados biológicos, jurídicos e virtuais, mas sim algo a mais. A própria Democracia é superaditiva: o Estado é algo a mais em relação à ação conjunta de Poder Legislativo, Executivo e Judiciário.

Penso que esse algo a mais, porquanto diga respeito a seres humanos individuais, é a memória e, portanto, a possibilidade de mal-entendido e, se não de mal-entendido, de interpretação, de compreensão e, assim, de perdão. Enfim, penso que seja a linguagem. A linguagem nos torna não redutíveis a nossas características e informações biológicas, genéticas e tecnológicas, porque permite narrar e, narrando, criar versões. Também somos aquilo que todos os outros veem em nós. Nossa liberdade de ação e narrativa tem como limite e estímulo a liberdade de ação e de narrar dos outros. Se, então, a Democracia é superaditiva, até quando as limitações, temporárias e efetivas, em razão dessa zoonose ou de outras, aos direitos constitucionais – o não pensamento sobre a escola, o não pensamento sobre a editora, o não pensamento sobre o teatro, o não pensamento sobre as ciências formativas – não serão lesivas para a existência da própria Democracia?

O exercício da Democracia

Se alguém acha útil aprender as regras do futebol para jogar e se divertir assistindo e torcendo com amigos e amigas, e acha inúteis as regras da Democracia, convido a pensar no contrário da Democracia, isto é, em nenhuma liberdade de imprensa, de expressão, de confissão religiosa, de orientação sexual, de estudo, de torcer pelo próprio time de futebol.

O contrário da Democracia é macabro, por isso tento exercê-la e, por isso, temendo desvios autoritários a que ninguém está imune, percebi a sorte de ter estudado Matemática.

Às vezes, jogar com as regras é complicado, pois elas, é claro, sobretudo aquelas que nos antecedem, determinam as circunstâncias. Demorei para entender, por exemplo, que o mundo em que me movia era projetado pelos homens e para os homens. Não sei se foi por causa da minha atração por manequins ou por minha paixão por Platão e seus arquétipos, ou ainda pelos cânones de Policleto, que valiam, para homens e mulheres, indiferentemente. Um pouco porque, com base nisso e ao longo dos anos, incluindo os anos matemáticos, eu me tornei cada vez mais forte em termos de categorias e cada vez menos na questão dos gêneros. Nem sei se foi uma exigência cultural, ou se acabei nascendo em um período em que tinha espaço para pensar. E não sei também se o fato de ter uma mãe que trabalhava o dia inteiro, e um pai físico barbudo que cozinhava quando estava em casa, acabou me mostrando uma realidade sem papéis, uma realidade de pessoas que fazem coisas. Pessoas. Com base nessas hipóteses, sempre me incomodei com o feminismo, o separatismo, a ideia das identidades de gênero, a categorização da literatura como feminina, a ideia do feminino e do masculino, e nunca me preocupei com as mulheres seminuas na televisão ou com os clichês sobre loiras ou homens com um carrão. As mulheres nunca me pareceram diferentes dos homens, sequer me parecia que tivessem menos possibilidades.

Hoje penso que minha visão do mundo dependia de um ponto de vista parcial e isento de responsabilidade em relação à avaliação das mulheres e às suas consequentes possibilidades. Como todos os intransigentes, os arrogantes, os afortunados, dei-me conta, de repente, da diferença entre o corpo exposto e reivindicado pelas mulheres como lugar de arte e de luta, e o corpo das mulheres exposto como se fosse vazio. E para sempre jovem. Hoje sei que, para mudar, o primeiro passo é pensar bem naquilo que se diz e em como se diz. Anos atrás, no *Festivaletteratura* de Mântua, escutei

Wole Soyinka, prêmio Nobel de literatura de 1986, dizer: o mais difícil para mim, escritor, foi escrever na língua de quem colonizou meu povo. E agora eu sei, o mais difícil é usar palavras e modos pertencentes histórica e estatisticamente aos homens para contribuir com um projeto de mundo que também tenha forma e conteúdo de mulher. É difícil ressignificar – verbo utilizado com esse propósito e, diria, encarnado pela escritora Michela Murgia –, é difícil ressignificar palavras e modos.

As vozes em *off* de Deleuze e Guattari sussurram: não nos falta comunicação, ao contrário, ela é até excessiva; falta-nos criatividade, resistência ao presente. E me bate uma tristeza infinita porque entendo que essas comunicações não apenas não contribuem para o debate, mas o impedem. E sei que eu, como todos, preciso de respostas para os problemas, não de ameaças; preciso, como o crítico de gastronomia do desenho animado *Ratatouille*, de um pouco de perspectiva. Pois, como ela é a única resistência real ao presente, a confiança é criativa. E para conquistá-la é preciso ter ideias e deixar de lado as narrativas de morte (fim da História, fim do futuro, fim do mundo), e buscar aproximações. Mas, para isso, precisamos de cidadãos, mais do que de líderes. A esquerda, no seio de cujas ideias cresci, precisa, acima de tudo, de cidadãos, e não de líderes. Os líderes estão fotografados e comprometidos demais e não têm intenção de resistir ao presente. E, em certos dias, eu provo um amargo pesar pelos políticos da Primeira e da Segunda República, inclusive de partidos que professam ideias diferentes e opostas às minhas, um amargo pesar por homens e mulheres que aceitavam, no exercício da Democracia, ser julgados pelo papel desempenhado, e não pela simpatia ou pelo ódio pessoal.

Ser cidadão parece mais tedioso do que ser líder. Mas o tédio, assim como o cansaço, é um termo introduzido no vocabulário literário sobretudo a partir do século XX e utilizado agora somente como espantalho para meter medo nos pais, obrigados a entreter os filhos, antes de qualquer coisa. Entreter antes de formar. Entreter. Do contrário, as crianças ficam entediadas. Então o tempo deve ser ocupado, todo o tempo de todo mundo, *manu militare*, se precisar. Não acredito no entretenimento das crianças. Muito menos na literatura de entretenimento. A única defesa para a ditadura do entretenimento é a leitura. Pensem nos cruzamentos metodológicos entre urgência e entretenimento. O leitor, como aquele que estuda Matemática ou aquele que estuda em geral, é capaz de ficar sozinho. Quem fica sozinho é politicamente complexo, porque não precisa ser entretido. Quem fica sozinho se entretém sozinho, com os próprios meios e os próprios tempos; ele escapa à ditadura. A ditadura do entretenimento é uma outra forma de negação do tempo (como prisão, tortura, perseguição).

De um ponto de vista matemático, além disso, pode-se dar ao mal uma interpretação que desencoraja sua escolha. Pelo menos para aqueles que pretendem se valer da faculdade de compreender o que existe em seu entorno. Nós intuímos – já que para entendê-lo será preciso exercitá-lo – que não existem conhecimentos certos e podemos deduzir, daí, que a única certeza procedimental que possuímos é a de que não podemos provar as teorias matemáticas, mas podemos provar a falsidade delas, e que, no entanto, nem todas as dúvidas têm a mesma natureza: as que surgem do pouco conhecimento das regras do sistema não são iguais às que nascem jogando com as regras do sistema.

O que o mal faz? O mal mata, engana, queima, destrói, é o fim do tempo. Se não fizesse isso, nós o chamaríamos diferentemente. Portanto, nós sempre sabemos como o mal acaba.

O que o bem faz? Não é fácil responder. De início, o bem, e de fato assim o definimos, traz satisfação, alegria, felicidade, construção, futuro. Mas pode também se deteriorar, corromper, dar raiva. O bem, dentre suas mil características, tem também a de se transformar em mal. Portanto, o bem, mesmo unicamente do ponto de vista da narrativa, é mais interessante do que o mal, porque oferece um leque mais amplo de possibilidades. Qual é então a verdadeira sedução do mal? Do ponto de vista lógico-formal, a mesma da Ditadura.

Não tem intermediários, não tem interpretações, é determinista. O ditador comanda e oprime, e o mal mata e oprime. Podem fazê-lo usando métodos elaborados, até mesmo bem fantasiosos, mas o fim é conhecido. Não têm um interesse especulativo ou de busca, ou assim sempre me pareceu. Seria possível pensar na redenção. Mas o redimido não se torna uma pessoa normal, torna-se um santo, um mártir, um intransigente, ou Jean Valjean.

Ser bom ou exercer a Democracia é mais complexo, é um percurso de interpretações, negociações e hesitações. A bondade, a Matemática e a Democracia são fenômenos que contêm, em si, as relações e todas as complicações associadas a elas. A Democracia, é verdade, assim como o bem, como todas as coisas do mundo que não se sabe como terminam, é somente provável. Todavia, tais probabilidades, tais ações democráticas, tais hesitações tendem a convergir para a consciência de que ninguém quer ser morto ou oprimido. A convergência, porém, inclusive em Matemática, pode ser lentíssima e, além de tudo, pode se realizar em um tempo infinito. A dificuldade e a tarefa da Política é tentar fazer convergir os conhecimentos na direção do bem coletivo e da igualdade social dentro de um tempo útil, humano.

Invisível e presente

Escolham as Barbies

Nasci no final dos anos setenta do século XX e tive a possibilidade, graças a minhas duas irmãs, de estar rodeada de Barbies. E graças às Barbies, creio, intuí como a individualidade não pode ser uma questão estética. A minha, por certo, não podia: não tenho os olhos azuis de Liz Taylor, as maçãs do rosto de Sharon Stone, o nariz de Charlotte Rampling, as pernas de Naomi Campbell, para não falar do resto. E, pensando bem, dado que existem as máscaras e camuflagens – isto é, a partir da mitologia, até hoje –, a unicidade não pode depender de características estéticas. Intuía que, para não ser intercambiável, era preciso possuir algo que ninguém podia copiar, reproduzir e comercializar. Algo presente e invisível. Falando assim, parecem as charadas que eu escutava nas fábulas contadas por minhas avós – as quais, depois, descobri serem uma revisitação do *Cunto de li cunti* [«Conto dos contos»], de Gian Battista Basile, que tanto consola e inquieta –, e lidas por minha mãe – as quais, depois, descobri serem teogonias gregas, nórdicas e da Terra Média. Tudo, claro, era simplificado e iluminado. Eu sabia das coisas sem as ter aprendido.

Fui uma criança de sorte, porque soube de coisas sem ter tido a necessidade de aprendê-las, porque alguém – seres humanos, o rádio –, ao simplificá-las, as contava sem se interessar por *quanto*, *o que* ou *como* eu as entendia. O entendimento era algo que pertencia a mim, em uma relação entre seres humanos e fábulas. Assim como a raquete é algo que pertence ao jogador em uma partida de pingue-pongue ou tênis (as metáforas, compreende-se por essa, são sempre excessivas, muito ou muito pouco). Enfim, eu dizia.

Compreendi o que era esse algo de invisível e presente quando comecei a ler. Todos podiam ver o livro, mas o que eu via no livro não podia ser visto por ninguém. O conhecimento, o estudo – e, no fundo, também o amor, todos vemos as pessoas juntas e passamos o tempo procurando compreender o que as liga, tentando definir a relação entre elas, imaginá-las –, o conhecimento, o estudo são invisíveis e presentes. Existe a Escola Pública, que até certo ponto é obrigatória, e todos a vemos, até mesmo a frequentamos, mas o que aprendemos ou não aprendemos, no fundo, ninguém sabe, nem mediante uma prova. Acontece no dia errado, uma antipatia, uma reticência. Então, a coisa divertida das coisas que você sabe é que você também pode decidir não as dizer (mesmo se não me agrada; aliás, penso que seja importante pôr à disposição aquilo que se conhece com precisão). A coisa divertida das coisas que você sabe, retomo, é que, se você continua a pensar sobre elas, estudá-las, aprimorá-las, mesmo refutá-las, elas não se consomem ou desaparecem. Meu corpo, por exemplo, é exposto como corpo e, ainda mais, como corpo de mulher. Eu mesma vejo que meu corpo não é o corpo de uma atleta. Quanto às modificações sofridas pelo cérebro – pois existirão –, sinapses e nós, consequências do que estudei na escola, na universidade e que, de vez em quando, ainda estudo, consequências do que li ou escutei, não consigo ver nada e não sei nada.

Escolham as notas de dinheiro

Há alguns anos, precisamente a partir da cerimônia de início das Olimpíadas de Pequim, em 2008, tenho uma obsessão. Procuro afastá-la ou substituí-la, mas não consigo, ela permanece e, de vez em quando, faz minha cabeça. A obsessão depende de um erro de avaliação inicial. Um erro meu. De fato, pensei que os botões que via na tela da televisão durante a cerimônia, botões que se acendiam e se apagavam, acendiam-se e se apagavam, fossem quadros luminosos telecomandados. Pensava que pertencessem a uma gigantesca escada de *neon* que se acendia e se apagava, acendia-se e se apagava, sob comando. Mas não: desconcertada, depois de alguns minutos, dei-me conta de que a escadaria tinha botões humanos.

Seres humanos eram utilizados como *pixels*. Uma coreografia de seres humanos que imitavam o teclado de um computador. Uma demonstração de quê? De que, antes, como escreveu Jeanette Winterson, usavam-se robôs, mas que seres humanos custam menos? Talvez. Comecei a pensar, enquanto me levantava para pegar uma cerveja, que, com efeito, o único recurso natural amplamente disponível sobre o planeta Terra e que não está se exaurindo – mas que, aliás, exaure todo o resto – são os seres humanos. Somos nós.

O recurso natural partilha com o dinheiro uma característica fascinante, a fungibilidade. O termo «fungibilidade», referido a uma nota de dinheiro, significa que todas as notas de dez euros são intercambiáveis. Não importa de onde vem a água potável, o petróleo, ou como acumulamos e utilizamos a energia solar: um copo de água potável é intercambiável com outro copo de água, um galão de petróleo equivale a outro galão de petróleo, um quilo de cobre pesa tanto quanto outro quilo de cobre. Para não falar sobre os raios de sol. Digamos que os seres humanos, do modo como os conhecemos e os definimos (*Sapiens Sapiens*), foram fungíveis na maior parte de sua existência sobre a Terra; assim o foram desde seu nascimento até a abolição da escravatura e, sucessivamente, até a declaração dos direitos do homem, a escolarização em massa. Foi apenas nos últimos dois séculos, mais ou menos, que eles deixaram de ser fungíveis, ao menos no Ocidente desde onde escrevo. Chamo Ocidente não um lugar geográfico, mas um estado de direito no qual a instrução e o bem-estar econômico são amplamente acessíveis. Nessa volta à condição de recurso natural, estamos perdendo o direito – se é assim –, e certamente a aspiração – enquanto é lícita – à individualidade. A sermos distintos uns dos outros, a não sermos mais intercambiáveis, exceto naquele romântico e físico bem-me-quer-mal-me-quer das relações sentimentais turbulentas.

Penso que os seres humanos sejam efetivamente um recurso natural, mas não no sentido da água potável e do petróleo, e sim porque pensam, refletem, porque acrescentaram paisagens urbanas a paisagens silvestres e marinhas, e, portanto, ampliaram a Natureza com a Cultura. Nasci em um mundo onde as pirâmides, Alessandro Manzoni, a bomba atômica, Homero, Tanizaki, a energia nuclear, os resíduos radioativos, a tomografia computadorizada, a cocaína, a aspirina, *Space Invaders* e *Barry Lindon*, o filme, Madame de Staël e Virginia Woolf eram, para mim, Natureza. Essa ampliação, como gesto, não é nem boa nem má, é um fato. No fim, em vez disso – já que há mais de três semanas chegamos ao dia em que exaurimos os recursos naturais disponíveis para o ano em curso –, no fim, em vez disso, essa ampliação cultural é ruim. Portanto, para ser um recurso natural, no sentido de natureza humanizada, natureza do antropoceno, é preciso continuar a pensar, estudar, agir pela comunidade. Ser fungível para os humanos não é um mérito, é um desastre. Pensar juntos, pensar para a comunidade, deveria ser sempre mais fácil, porque, como sublinha Stefano Mancuso, quando, em poucos anos, se a Covid não nos exterminar, formos onze bilhões de pessoas, teremos quatro bilhões a mais de cérebros que pensam, e uma ideia há de vir.

Os seres humanos são considerados (pergunto-me por quem e respondo: por eles mesmos) um recurso natural *tout-court*, uma mercadoria, e existiram, alguns com povos e bandeiras, com o beneplácito de nossa Democracia, ganhando com a estocagem e a logística de outros seres humanos, assegurando a possibilidade inerente à espécie animal de se deslocar, de ir para outro lugar.

Em 2008, o ano das Olimpíadas de Pequim, eu já era uma mulher adulta (assim como estatisticamente podem ser definidos os adultos: pagava minhas contas). Já tinha me formado, havia concluído um Doutorado em Cálculo das Probabilidades e estava para terminar uma bolsa de Pós--Doutorado; havia comprado um carro em prestações e estava em uma relação sentimental estável, e, sobretudo, já tinha lido Bruno De Finetti, que, com sua Teoria da Probabilidade Subjetiva, havia esclarecido que o primeiro erro de avaliação das coisas somos nós. A cada vez que olhamos, somos o erro de avaliação.

Escolham Azkaban

Para desfazer definitivamente o mito de que estudar Matemática implica uma predisposição genética, gostaria de confessar como comecei minha relação com a disciplina. Compreende-se rapidamente que, para estudar Matemática, é útil ter, como de resto para tudo na vida, uma intenção. A intenção de fazer algo e aceitar – mas, para isso, é preciso tempo (aliás, idade) – que cada um chega até onde pode. Eu, porém, não paro, continuo firme desde que li um formidável episódio de *Harry Potter*. Sirius Black é preso no obscuro cárcere de Azkaban, e os dementadores, fantasmas com dentes afiados, que giravam em torno dele como pernilongos nas noites de verão, a qualquer instante poderiam lhe dar o beijo de exílio que conduz ao lugar aonde a magia não chega: ao reino dos mortos. Sirius olha a seu redor e vê os colegas *aurores* desaparecerem um depois do outro. Sabe que fugir é difícil, porque os muros de Azkaban, qual sanguessugas, sugam o desejo de viver, acabam com a esperança, a caridade e a perspectiva. Sentimentos que, na verdade, Sirius não tem mais, ceifado em sua alma de outros sentimentos, alguns para ele desconhecidos, que se parecem com intenções. Ele odeia o senhor obscuro, Voldemort, aquele que não pode ser nomeado, e quer vingança. O cárcere, habituado a reconhecer e apagar bons sentimentos, não vê o ódio e a vingança que prosperam no coração de Sirius e o mantêm vivo. E é assim, com esse ódio, que Sirius lembra que pode se transformar em um cachorro e consegue fugir. O cárcere, como todos os cárceres, é estúpido; como todos os regimes, encontra apenas o que procura, vê só o que quer punir; e, como todos os sistemas opressivos, funciona apenas quando governa, ocupando o tempo de quem aí vive.

Eu não amava Matemática, nem creio que por ela fosse amada, mas estava apaixonada pela professora, e a intenção de querer ser correspondida foi tal que me pus a estudar. E quando, terminado o Ensino Médio, tentei entrar na faculdade de Letras da Escola Normal Superior de Pisa e não consegui, esse revés me insinuou a ideia de que a Matemática pudesse ser uma vingança. Não sei em que vingança eu estava pensando, mas sei que encontrei a Matemática por amor a uma mulher e por despeito.

Escolham Barbara Cartland ou Liala

Quando vocês pensarem – e todos nós já o fizemos – que a Matemática é uma disciplina mecânica, sem imaginação, repetitiva, na qual expressões algébricas, cálculo literal, equações fracionárias e inequações se sucedem para, em seguida, dar lugar à repetição dos estudos de função, parem para pensar nos seres humanos que não devem ser intercambiáveis, pois, de outro modo, o desastre ambiental é certo; pensem nos seres humanos que estão vivos atrás das cátedras, e mortos atrás de fórmulas e teorias, antigas e sempre novas, e ouçam esses corações humanos que bateram e batem – então alguma coisa de invisível, mas presente, alguma coisa de comum com vocês, alguma coisa deve existir.

Escolham as Barbies. Escolham as notas de dinheiro. Escolham Azkaban. Escolham mesmo Barbara Cartland ou Liala. Escolham a matemática. Escolham a vida.

Uma questão de representação do tempo e uma tragédia semântica (Butman)

Gostaria de continuar a pensar nos morcegos como irmãos do Batman. Mas agora só consigo imaginá-los como comida. Comestíveis, valiosos, morcegos deliciosos vendidos nos mercados da China e que são comidos e que, entre serem comprados e comidos, ficam dependurados de cabeça para baixo em um canto qualquer, disseminando um vírus que infectará a todos. Aliás, que já nos infectou. A primeira surpresa do mês de março de 2020 diz respeito à minha imaginação. Quando penso nos morcegos, penso neles cozidos. É possível, pergunto-me caminhando em torno da mesa, que um super-herói como Batman – que nem é um verdadeiro super-herói, faça-me o favor, é só um rico, seu superpoder é o dinheiro –, que esse super-herói do Capitalismo e da orfandade consiga ver a associação entre a própria fortuna e sua imagem em um prato típico? Além do mais, como dizia Benjamin, e eu estou de acordo, o Capitalismo não tem santos nem feriados. Mas é certo – lamento Benjamin não ter conhecido Batman, ou será que conheceu?; entre o nascimento de Batman e a morte de Benjamin passou cerca de um ano –

que o Capitalismo tem um super-herói. Reflito, agora, sobre isso, mas é natural que tenha, já que o fim declarado do Capitalismo é o mesmo do super-herói: o bem-estar (lucro de um lado, e Justiça de outro). E mais: o dinheiro é tão imaterial quanto os sonhos, mas, ao contrário dos sonhos (e, à luz da interpretação freudiana, a ser repensado como sintaxe), tem uma Gramática de moedas, derivativos, títulos de crédito potentes e confiáveis, criativos e fabulosos. Assim, é justo que Batman se torne um assado de morcego, agora que o Capitalismo mostra suas imperfeições e vê atacado seu último recurso natural disponível e de custo de produção quase zero: nós.

Gostaria de saborear o gosto de Batman, mas não consigo encontrar morcegos, nem mesmo aqueles nossos, que inspiram simpatia, porque, além de permanecerem enredados nos cabelos, comem os pernilongos. E eu odeio os pernilongos. Não encontro morcegos e, assim, mordo o *bat*-sinal que uso como *mousepad*. Que usava, porque os *mousepads* já são obsoletos, estão fora de moda. Mas não quero falar do *mousepad* que, todavia, não é comestível; gostaria de dizer que, no futuro, mudarão as coisas que já estão mudadas. Ainda que o futuro pareça muito distante. Se tivesse conseguido permanecer uma criança, não teria me importado, o passado teria sido «uns dias atrás» e o futuro «daqui a poucos dias», mas agora eu faço contas. Contar é sempre algo assustador. Como as listas que, já disse, não têm nada a ver com a vida (nelas, o tempo não passa). Entretanto, vale a pena lembrar que, nos registros neoassírios, as crianças eram listadas a partir de suas medidas em palmos, para estimar o número de camponeses adultos dentro de certos anos. Uma forma de imaginação e projetação, para nós, dramaticamente estranha. Pensem na Escola, sem qualquer projeto, a não ser os tecnocráticos, dos decretos de emergência. Mas não quero falar de listas, e sim do futuro, e que existem ao menos dois modos intuitivos de representá-lo.

O costumeiro. Plano cartesiano, tempo no eixo das abscissas, e espaço no eixo das coordenadas. O tempo passa, e o espaço muda, traçando um gráfico, um trajeto. Observando-o, todavia, dou-me conta de que isso, agora, não tem sentido, porque estamos todos fixos no espaço. Somos Batman sem *bat*-sinal, dentro de casa. Portanto, sempre no plano cartesiano, mas espaço no eixo das abscissas, e tempo no eixo das coordenadas. Uma vez que estamos parados, o tempo se acumula, na vertical. Estamos emperrados, cada um em sua casa, sob diversos níveis de presente. Quando o tempo se acumula, ele não passa – daí, às vezes, de dia e apesar da luz, não sei que horas são. O tempo me domina e todo o futuro se torna presente. Uma torre de presente. Motivo pelo qual creio que mudará tudo o que já mudou. Quando o futuro for retomado, não sei como, teremos que descartar muitos presentes. O presente do indicativo do estar no mundo.

Abandonar a ideia do Batman super-herói para passar à realidade do Batman cozido pode ser arriscado. Todavia, é preciso considerar a situação. Ou, ao menos, a revelação. Ao completar 42 anos, pensava que minha vida estivesse em um caminho cujos percursos e horizontes eu podia intuir de forma bem satisfatória. E que minhas aventuras teriam sido essencialmente interiores. Mas não é mais assim. Não que o caminho tenha mudado, mas pode ser que mude. Não que as mudanças me agradem. Não gosto delas. Quando eu tinha dez anos, o professor nos pediu para escrever uma redação contando o que havia mudado depois do verão, e eu escrevi (sei porque minha mãe guardou aquelas linhas no livro de lembranças das coisas importantes): uma vez que a morte é a maior mudança que pode acontecer a um homem, espero que, depois do verão, nada tenha mudado. Não há nada de verdadeiramente estranho no texto, as crianças com frequência falam da morte, e matam moscas, lagartixas e pernilongos.

De todo modo, apesar de não gostar de mudanças, gosto das possibilidades. E esse vírus inesperado e dramático abriu muitas. Ou, talvez, eu pense tudo isso porque estudei Matemática muitos anos e sei bem – saber como lembrar – que as soluções dependem do conjunto no qual a gente se move. E, dessa forma, se o conjunto no qual nos movemos mudou, não podemos ter as mesmas soluções para os mesmos problemas. Poderiam, inclusive, não existir soluções, mas, por natureza, não gosto de pensar nisso. Temos a possibilidade de pensar com todo o corpo, cada um com o próprio, e como corpo coletivo.

Não penso que o vírus possa ser combatido com livros, mas sei que, se Primo Levi, em *A trégua*, contou ter sobrevivido à desumanização graças a gestos comuns que pertenciam à vida pregressa, como se lavar e fazer a barba, mesmo só tendo à disposição água suja, então eu, como todos, posso aceitar seguir as regras difundidas pelos médicos e pesquisadores, as práticas para evitar o contágio e refreá-lo. Nos livros não há a solução, mas existem outros modos de vida, no tempo e no espaço. Aventuras não apenas interiores. E pensar que o próprio modo de vida e de consumo não seja o único pode ser um princípio de solução. Nos modelos matemáticos de difusão das epidemias e, em geral, quando se fala de solução, como eu dizia, avaliam-se as condições do contexto. A solução não existe em si, mas depende das condições do entorno. Avaliar as condições do entorno significa compreender as características do conjunto, do mundo em que agimos. Com base em que características uma mesma equação pode admitir ou não solução. Primo Levi contou como se salvou de um flagelo externo graças a uma práxis. Também teve sorte, mas, por certo, tinha uma práxis.

Assim, continuo lavando as mãos. E, depois de semanas de extenuante, trabalhosa e necessária lavagem de mãos, sinto-me como *lady* Macbeth. No caso daquela senhora, o ato de esfregar as mãos se devia a uma indelével mancha de sangue causada por uma culpa indelével. Mas e no meu caso, de onde vem? Sou uma mulher ocidental branca, nascida no fim dos anos setenta do século XX. Provavelmente, do ponto de vista social, pareço-me mais com meus avós do que com meus pais. Nascidos no início dos anos cinquenta do século XX, meus pais fizeram parte da geração que lutou e obteve o divórcio, a assistência de saúde, a seguridade social. Eu trabalho sem carteira assinada e tenho o mínimo de tudo isso, quando tenho; para mim, a palavra «férias» e a palavra «décimo-terceiro» são como a pergunta que *lady* Violet, interpretada por Maggie Smith, em *Downton Abbey*: «*What is a weekend?*» [«O que é um fim de semana?»].

Meus avós, nascidos no primeiro decênio do século XX, tinham experiência direta (ou quase) da gripe espanhola e do tifo, e viviam em um sistema de saúde precário. Eu já vi HIV, ebola, gripe aviária e, agora, Covid-19, e desfruto de um sistema público sanitário excelente, que, no entanto, não pode resolver tudo. Na Itália, estamos pedindo a nosso sistema de saúde algo que pedimos, a partir do fim dos anos 1990, à escola pública: fazer frente à educação sentimental obtida com o auxílio, e apesar dessas instituições, da família e das tardes organizadas pela Igreja, por partidos políticos ou pelo sindicato. E não pedimos isso à instituição, que é acéfala, mas aos médicos (às vezes sem máscara), como pedimos aos professores. É preciso mudar algo dentro de nós. Somos o sistema sanitário, cada um de nós. Sou o sistema sanitário nacional, sou a educação pública. É mais difícil do que ser Batman?

Quero sublinhar que a exceção, fabulosa e racionalista, de organizar o social e amortizar as dificuldades econômicas dos cidadãos durou algumas gerações. Antes e depois – meus avós e eu –, por motivos diferentes, existem apenas incertezas e soluções a que o acesso vasto e justo só pode se mostrar, em um momento como este, insuficiente. Mas não é assim. Tudo pode ser melhorado, e eu, ao contrário de meu avô, não corro o risco de morrer de sarampo. Devo sempre me lembrar disso, porque a vida é marcada de forma contínua por incidentes e acidentes que a tornam, como os destinos e as circunstâncias, tal como é. O significado dessa composição de vazios e cheios é o que nos impõe avaliar os acidentes, inclusive a Covid-19, não só do ponto de vista sanitário, mas também do ponto de vista cultural.

Em minhas mãos busco, assim, a mancha, e a encontro. Assim também é para Batman, herói do Capitalismo, e é para mim, porque parei para pensar sob uma torre de presente. A mancha vem da revolução industrial de que não me dei conta, porque pensei que era a realidade. Imutável, estável.

A superprodução é uma revolução industrial e não existem revoluções industriais que não façam vítimas. Gozar da superprodução, não se interessar pelo caráter sazonal das verduras, pela proveniência do peixe e da carne, pensar que a sede de conhecimento e o fato de ter estudado dão o direito a viagens *low cost*, sem considerar os impactos ambientais, é manchar-se com uma culpa que deixou marcas indeléveis nas mãos? E não aprendi nada, se quero comer Batman. Ou, talvez, tenha aprendido, mas não compreendi. Ou, talvez, tenha compreendido, mas não aprendi. Flutuo entre os mas, *but*, como escrevem os anglófonos. *Butman*, penso. *Butman*. Se abandono Batman, ainda fica Butman, a aventura das adversativas. A adversativa, no início de um período, indica, em italiano, mudança de argumento. Mas. *But*. A mudança de argumento diz respeito, por exemplo, ao fato de que, se compro salmão e o vejo rosa – e digo para mim: «oh, que lindo!» –, devo pensar que é provavelmente uma cor induzida, porque, provavelmente, esse salmão não foi pescado. Essa cor, provavelmente, depende de uma substância que se chama cantaxantina. Belo nome, aliás.

Acontecerá amanhã o que já aconteceu hoje. As coisas acontecem quando as aceitamos, e as aceitamos, ou não, quando nos dizem respeito. Aceitaremos que nossa liberdade pessoal valha tanto quanto a de nossa comunidade. Que a qualquer ordem de grandeza – um único ser humano, condomínio, bairro, cidade, nação, mundo –, o valor da liberdade individual seja o mesmo daquele das comunidades.

Penso nos fractais. Figuras geométricas caracterizadas pela repetição ao infinito, de um mesmo motivo, em escala cada vez mais reduzida. Um fractal é um conjunto que goza da propriedade da autossemelhança, isto é, é a união de uma série de partes que, ampliadas por um certo fator, reproduzem-no totalmente: é a união de cópias de si mesmo em escalas diferentes. A estrutura de um fractal é fina, ou seja, revela detalhes a cada ampliação, e, portanto, não é possível definir de maneira nítida e absoluta as bordas do conjunto. O conjunto de nossos erros é fractal. Da minha ingestão do salmão, e desejo de provar Batman até a hiperprodução. Se o conjunto dos erros e sentimentos humanos é fractal, também pode sê-lo o de nossas liberdades? E se o de nossas liberdades é assim, pode sê-lo também o das economias?

Compreenderemos, agora, que temos a oportunidade, a necessidade de aplanar os desníveis econômicos entre uma pessoa e outra, entre uma parte e outra de mundo?

Eu, enquanto isso, passo a Butman, o super-herói das adversativas, e, portanto, talvez, das alternativas.

Categorias e gêneros. Corolário

Uma última coisa sobre as mulheres e sobre os homens. Ter estudado Matemática e trabalhar em um ambiente literário e cultural que, como quase todo o resto do mundo, sustenta que a Matemática é uma disciplina para iluminados, predispostos e gênios, facilitou-me a vida. Como mulher, inclusive, tive um tratamento diverso das outras que trabalham nesse mesmo ambiente, porque, tendo cursado Matemática, minha inteligência ficava acima de qualquer dúvida. Outras mulheres que fazem o mesmo trabalho tiveram de demonstrar ou reivindicar, a cada momento, que são inteligentes. Eu fui poupada. Toleraram o fato de eu ser mulher graças aos anos que passei em uma biblioteca estudando Matemática. Se tivesse estudado outra coisa e, por sua vez, gozasse de uma situação de tal prestígio, essa condição poderia ter-me induzido à moleza e à malandragem; mas, pelo contrário, tendo estudado Matemática por treze longos anos, eu adquiri o hábito que obriga à crítica e à busca, quando é impossível compreender sozinha, de interlocutores que tenham a mesma atitude (não é preciso ter estudado Matemática para ter essa predisposição), para tentar compreender juntos. Todavia, por causa dessa facilidade e da aceitação nos ambientes culturais em que pouco a pouco ingressava, eu não me dei conta de imediato desse privilégio e, às vezes, ignorei a disparidade de tratamento entre mulheres e homens. Não é possível compreender tudo de tudo, mas de tudo pode-se compreender ao menos um pouco, e pode-se limitar o problema. A Matemática é a ginástica postural do cérebro. Nem todos têm necessidade de se exercitar para ter as costas retas, mas, se fizer exercícios posturais, pode ser que as costas permaneçam retas mesmo com o passar dos anos. Por isso, e também para encerrar, quero reafirmar que ter uma postura ética, sentir-se sempre único e saber que também os outros são únicos é importante, e que a Matemática ajuda.

> Há quem ensine
> guiando os outros como cavalos
> passo a passo:
> talvez haja quem se sinta satisfeito
> guiado assim.
>
> [...]
>
> Há porém quem eduque sem esconder
> o absurdo que está no mundo, aberto a todo
> desenvolvimento mas procurando
> ser franco com o outro como consigo mesmo,
> sonhando os outros como agora não são:
> cada um cresce apenas se sonhado.
>
> danilo dolci

Advertências e agradecimentos

As ideias que tenho são poucas, mas fixas. Algumas aqui apresentadas já haviam sido lidas em público; outras foram pensadas para jornais e revistas com os quais colaborei ao longo dos anos. «Butman» é o título de uma intervenção que escrevi em 4 de abril de 2020, em pleno *lockdown*, quando a escritora Guadalupe Nettel me pediu para participar do projeto da Universidade da Cidade do México (https://www.revistadelauniversidad.mx/articles/eacc2c3c-ofb4-4bdb-9522-29aoc1222758/butman). Depois de tantos anos longe da escola e da universidade, retomei o monólogo *Leggere non serve, leggere comanda* [«Ler não serve, ler comanda»], quando Serena Dandini me convidou para refletir sobre leitura e escola pública em seu programa *Stati Generali*, na transmissão de 28 de novembro de 2019, na Rai 3. A obsessão por fazer contas se desenvolveu a partir de meu romance *Almanacco del giorno prima* [«Almanaque do dia anterior»] (Einaudi, 2014). Gostaria de destacar, entre tantas, duas publicações: a revista semanal *L'Espresso*, de Marco Damilano, que me parece, a cada semana, o que se pode ler para amadurecer instrumentos de resistência no presente, e o antigo jornal *l'Unità*, nos anos em que foi dirigido por Concita De Gregorio, que me deu a oportunidade (a confiança e o suporte) de publicar resenhas e observações não só no âmbito literário, mas na crônica política e cultural, e, portanto, permitiu-me observar de forma mais atenta.

Agradeço aos festivais, *blogs* e plataformas que mantiveram tantas apresentações durante os primeiros meses do "coronaceno", e aos editores, por continuarem a criar e presidir espaços de mediação. Agradeço a Marta Caramelli, que primeiro em *Vanity Fair*, depois em *Glamour*, e depois de novo em *Vanity Fair*, guiou-me em uma selva de batons, perfumes, depilações e cremes, levando-me a olhar além. Agradeço às escolas e universidades públicas onde pude estudar e ensinar. Agradeço à Radio3, de Marino Sinibaldi, e, em particular, à redação de Radio3 Scienza de setembro de 2008, quando lá comecei a trabalhar: Rossella Paranese (que me chamou), Marco Motta, Silvia Bencivelli e Costanza Confessore. Foram eles que me mostraram, com uma leveza que ainda hoje me encanta, a possibilidade de, estudando e se aprimorando, falar de coisas mínimas, especialíssimas e complicadíssimas, sem deturpar e sem que a clareza vire simplificação.

Nesse livro, como também em outros, as citações são quase todas de memória, portanto, são como delas me recordo, e não garanto ter me lembrado *ipsis litteris*. Ademais, traduzindo Virginia Woolf, dei-me conta de que as inexatidões nas citações (onde pude reconhecê-las) de Wordsworth, Tennyson ou da Bíblia me suscitavam sentimentos e sensações, e assim as deixei. Espero que todas as minhas inexatidões, presentes e futuras, propiciem, a quem as ler, o mesmo sentimento poderoso de vida que o erro venial, a incerteza, costumam proporcionar.

Devido e graças à Covid-19, modifiquei, neste escrito que termino hoje, 4 de junho de 2020, alguns exemplos para o exercício da Democracia.

Agradeço a Teresa Ciabatti, Mario Desiati e Alessandro Giammei, porque sempre me leem (antes, durante e depois). E a Marcella Libonatti, por todos os dias.

Este livro é para Francesco Valerio, meu pai. Que, como físico, não concordará com nenhuma linha.

E é para meu sobrinho Francesco Massarotti, que este ano começou a ler.

(Ei, a você eu já tinha dedicado, vai lá ver).

Biblioteca Âyiné

1. Por que o liberalismo fracassou?
   Patrick J. Deneen
2. Contra o ódio
   Carolin Emcke
3. Reflexões sobre as causas da liberdade e da opressão social
   Simone Weil
4. Onde foram parar os intelectuais?
   Enzo Traverso
5. A língua de Trump
   Bérengère Viennot
6. O liberalismo em retirada
   Edward Luce
7. A voz da educação liberal
   Michael Oakeshott
8. Pela supressão dos partidos políticos
   Simone Weil
9. Direita e esquerda na literatura
   Alfonso Berardinelli
10. Diagnóstico e destino
    Vittorio Lingiardi
11. A piada judaica
    Devorah Baum
12. A política do impossível
    Stig Dagerman
13. Confissões de um herético
    Roger Scruton
14. Contra Sainte-Beuve
    Marcel Proust
15. Pró ou contra a bomba atômica
    Elsa Morante
16. Que paraíso é esse?
    Francesca Borri
17. Sobre a França
    Emil Cioran
18. A matemática é política
    Chiara Valerio

Composto em Baskerville e Helvetica
Belo Horizonte, 2022